KB273205

who? 근현대사

글 한혜민

어린이들이 "세상에는 참 재미있는 책이 많다."라고 느끼길 바라며 어린이책을 편집하고 쓰고 있습니다. SNS만큼, 게임만큼 재미있는 이야기를 만들기 위해 노력하고 있습니다. 이 이야기가 어린이 스스로 성장하고, 더 나은 미래를 꿈꾸는 데 작은 도움이 되었으면 합니다.

그림 박종호(스튜디오 호호)

동아·LG 국제 만화 페스티벌 우수상을 수상했으며, 익살스러운 위트와 진지함을 넘나드는 캐릭터로 생동감 넘치는 만화 세상을 만듭니다. 《만화 바로 보는 세계사》, 《우리, 학교 가자!》, 《오마이갓》, 《국어나라 체언도시》 등 다수의 작품에 그림을 그렸습니다.

감수 권현

권기옥 애국지사의 아들이자, 전 광복회 이사로 어머니의 삶과 뜻을 가까이에서 지켜보며 전해 왔습니다. 이 책을 통해 권기옥 애국지사의 정신과 발자취가 어린이들에게 올바르게 전해지길 바라는 마음으로 감수에 참여했습니다.

추천 황현필

인문계 고교 교사로 7년 동안 재직 후 EBS와 공무원 등 수험 한국사를 가르쳤습니다. 이후 유튜브 '황현필 한국사' 채널에서 누구나 쉽게 접할 수 있는 대중적인 역사 강의를 하고 있습니다.

 근현대사

권기옥

초판 1쇄 인쇄 2026년 2월 9일
초판 1쇄 발행 2026년 2월 25일

글 한혜민 **그림** 스튜디오 호호 **감수** 권현 **표지화** 손정호

펴낸이 김선식
펴낸곳 다산북스

부사장 김은영
어린이사업부총괄이사 이유남
책임기획 류지형 **책임편집** 류지형 **디자인** 김은지 **책임마케터** 안호성
어린이콘텐츠사업1팀장 박정민 **어린이콘텐츠사업1팀** 김은지 강푸른 류지형 이수민
어린이마케팅본부장 최민용 **어린이마케팅1팀** 안호성 **기획마케팅팀** 류승은 김근호
어린이브랜드홍보팀 이예주 심가윤 **저작권팀** 성민경 이슬 **편집관리팀** 조세현 김호주 백설희
재무관리팀 하미선 임혜정 이슬기 김주영 오지수
인사총무팀 강미숙 김재경 김혜진 김주림 황종원
제작관리팀 이소현 김소영 유미애 이지우 이승협
물류관리팀 김형기 김선진 주정훈 양문현 채원석 박재연 이준희 최대식

출판등록 2005년 12월 23일 제313-2005-00277호
주소 경기도 파주시 회동길 490
전화 02-704-1724 **팩스** 02-703-2219
다산어린이 카페 cafe.naver.com/dasankids **다산어린이 블로그** blog.naver.com/stdasan
종이 스마일몬스터 **인쇄** 한영문화사 **코팅 및 후가공** 평창피엔지 **제본** 대원바인더리

ISBN 979-11-306-7700-2 14990

who? 근현대사

권기옥

다산어린이

올바른 역사 교육의 시작, who? 근현대사

　근현대사는 우리에게 가장 가까운 역사이자 현재 살아 있는 역사입니다. 그중에 빼앗긴 나라를 되찾기 위해 전개된 독립운동사는 대한민국 사람이라면 꼭 알고 있어야 하는 내용입니다.

　이 나라의 미래인 어린이들이 근현대사와 독립운동사를 반드시 알아야 할 이유가 있습니다. 역사를 올바른 시선으로 보는 법을 배우고, 어려움을 극복한 여러 인물과의 만남을 통해 교훈을 얻음으로써 어린이가 스스로 성장하는 데 도움이 되기 때문입니다. 또한 내가 살고 있는 이 나라 대한민국을 올바르게 사랑하는 애국심을 기르기 위함이 역사 교육의 가장 중요한 목적이 될 것입니다.

　저는 일제강점기를 살았더라면 당연히 독립운동했을 것이라는 확고한 신념이 있었습니다.

　어느 겨울날 아침 일찍 강의를 위해 집을 나서기 전, 잠든 제 아이들의 볼에 입을 맞추었습니다. 아이들의 볼에서 전해지는 따스한 온기를 느끼자, 추운 집 밖으로 나가기가 싫어지며 다시 침대에 눕고 싶은 마음이 요동쳤습니다. 그 순간, 만주 벌판에서 혹독한 겨울을 견디며 총을 들고 싸웠던 수많은 독립군이 떠올랐습니다.

　“내가 일제강점기를 살았더라면, 독립운동을 위해 눈에 넣어도 아프지 않은, 사랑하는 나의 아이들을 두고 생사를 장담할 수 없는 춥디추운 만주 벌판으로 나설 수 있었을까?”

　독립운동가들은 존경받아야 합니다.

　〈who? 근현대사〉 시리즈는 일제강점기 당시 조국의 독립을 위해 헌신한 인물들을 소개하고 있습니다. 임시정부를 이끌면서 독립운동의 상징적 인물이 된 김구, 봉오동과 청산리에서 일본군을 무찌른 대한독립군 사령관 홍범도, 사회적으로 취약했던 어린이의 인권을 존중하며 소년 운동을 주도한 방정환, 일제강점기 우리 한글을 지켜낸 주시경, 죽는 날까지 하늘을 우러러 한 점 부끄럼이 없었던 저항 시인 윤동주 등 독립운동가들의 발자취 속에서 좌절과 시련을 이겨내고, 희망으로 나아가는 길을 경험하게 될 것입니다. 이 시리즈에서 다루는 인물들의 이야기는 단순한 '역사적 기록'이 아니라, 어린이들에게 용기와 올바른 가치를 심어 주는 '교훈'입니다.

〈who? 근현대사〉 시리즈를 읽으며 대한민국의 미래가 되는 우리 어린이들이 독립운동가를 존경하는 마음을 갖고, 올바른 역사관을 키워 나가길 기대합니다.

한 가지 더 부모님께 당부드립니다. 만약 아이들이 "우리나라는 어떻게 일본으로부터 독립할 수 있었나요?" 하고 묻는다면 이렇게 답해 주세요.

"태평양 전쟁에서 일본이 미국에 패배하면서 우리가 독립을 맞이할 수 있었던 것은 사실이란다. 하지만 그보다 더 중요한 건, 수많은 독립운동가의 희생과 노력이 있었기 때문에 우리가 '완전한 독립'을 얻을 수 있었다는 거야. 그래서 우리는 독립운동가를 기억하고 존경해야 한단다."

황현필 역사바로잡기연구소장

황현필 선생님은 인문계 고등학교에서 역사를 가르쳤습니다. 이후 EBS와 공무원 강의를 통해 한국사를 가르치다 유튜브 '황현필 한국사' 채널을 개설하고 누구나 쉽게 접할 수 있는 대중적인 역사 강의를 하고 있습니다. 2023년에는 남해를 '이순신해'로 병행표기하자는 의견을 제시하고, 국회의원들과 함께 입법 발의를 이끌어 내기도 했습니다. 또, '기억하는 자들이 사라지면, 역사는 왜곡된다'는 신념을 가지고 일제강점기 독립운동을 부정하는 사람들에 맞서 올바른 역사관을 심어 주려고 노력하고 있습니다. 대표 저서로는 《황현필의 진보를 위한 역사》, 《이순신의 바다》, 《어린이를 위한 이순신의 바다 1·2》, 《황현필의 한국사 평생 일력》, 《요즘 역사》 등이 있습니다.

황현필 역사바로잡기연구소장님의 한국사 강의를 만나 보세요. ▲

우리 아이에게 줄 수 있는 가장 소중한 선물

"나는 커서 뭐가 될까?" 아이의 이 한마디에 부모는 잠시 멈칫합니다. 학원을 더 보내야 할지, 어떤 특기를 길러 줄지, 혹은 더 많은 경험을 쌓게 해야 할지 고민하게 되지요. 그러나 교육심리학자로서 30년 가까이 아이들을 연구하며 확신하게 된 사실이 있습니다. 아이들에게 진정으로 필요한 것은 '나도 할 수 있다'는 믿음, 그리고 스스로 꿈꿀 수 있는 구체적인 역할 모델이라는 것입니다.

〈who?〉 시리즈는 바로 그 역할 모델을 아이들에게 선물합니다. 이 시리즈는 천만 독자가 선택한 인물 학습 시리즈로 세종대왕, 아인슈타인, 스티브 잡스 같은 인물들이 어린 시절 어떤 고민을 했고, 수많은 실패를 겪으며 어떻게 성장했는지를 생생하게 보여 줍니다. 이러한 이야기를 통해 아이들은 단순히 인물의 성공을 따라가는 것이 아니라, 그들의 선택과 도전 속에서 자신을 발견하는 경험을 하게 됩니다.

역할 모델을 만난 아이는 달라집니다. 학습 동기가 높아지고, 자기효능감이 자라며, 자신의 진로와 흥미를 주체적으로 탐색하게 됩니다. 특히 〈who?〉 시리즈는 한국사, 세계 인물, 과학자, 기업가, 예술가 등 다양한 분야를 아우르며 아이가 스스로의 관심사와 적성에 맞는 인물을 만날 수 있도록 돕습니다. 이 과정을 통해 아이들은 세상을 넓게 바라보는 시각과 자신에 대한 믿음을 키워 나갑니다.

많은 부모님이 "우리 아이는 실패를 너무 두려워해요." "조금만 어려워도 금방 포기하려 해요."라고 말씀하십니다. 〈who?〉 시리즈는 바로 이런 고민에 대한 해답을 제시합니다. 에디슨이 수천 번의 실패 끝에 전구를 완성한 이야기, 링컨이 여러 번의 낙선에도 굴하지 않고 끝내 대통령이 된 여정,

학교에서 문제아로 취급받았던 아인슈타인이 자신만의 길을 찾아 나선 일화는 실패가 좌절이 아니라 성장의 과정임을 깨닫게 해 줍니다.

또한 〈who?〉 시리즈의 큰 장점은 만화 형식에 있습니다. 책 읽기를 어려워하는 아이들도 흥미롭게 읽을 수 있으며, 이야기를 따라가다 보면 자연스럽게 역사적 사실, 과학적 원리, 인문학적 통찰을 익히게 됩니다. 억지로 공부하지 않아도 즐거움 속에서 지식이 스며드는 경험을 하게 되지요. 생동감 있는 그림과 이야기 속 인물들은 아이들에게 지식과 감동, 그리고 행동의 동기를 선물합니다.

〈who?〉 시리즈를 통해 아이들이 자신만의 꿈을 발견하고, 그 꿈을 향해 한 걸음씩 나아갈 용기를 얻기를 바랍니다. 이 시리즈는 단순히 책을 읽는 경험을 넘어, 아이가 삶 속에서 마주할 어려움을 스스로 극복할 힘과 방향을 배우는 여정이 됩니다. 그것이야말로 부모가 자녀에게 줄 수 있는 소중한 선물이자, 아이 스스로 성장하도록 돕는 가장 확실한 길이라고 믿습니다.

신종호 서울대학교 교육학과 교수

서울대학교 교육학과를 졸업하고 동 대학원에서 석사 학위를, 미국 미네소타대학교에서 박사 학위를 받았습니다. 현재 서울대학교 교육학과 교수로 재직하며, 서울대 학습창의센터를 중심으로 아이들의 학습 역량과 창의성 계발을 돕는 한편 아이들이 삶의 주인공으로 성장할 수 있는 방안을 연구하고 있습니다. 또한 다양한 방송과 강연을 통해 '공부의 본질'을 탐구하는 교육 멘토로 많은 이들의 공감을 얻고 있습니다. 대표 저서로는 《우리 아이 학습 마라톤》, 《이런 공부법은 처음이야》, 《읽는 아이가 미래를 지배한다》, 《영재아동 바로 알기》 등이 있습니다.

등장인물 소개

본문 만화에 나오는 중심 인물을 비롯하여 나오는 인물들을 소개합니다. 이야기를 읽기 전 인물에 대해 미리 알아볼 수 있어요.

인물 관계도

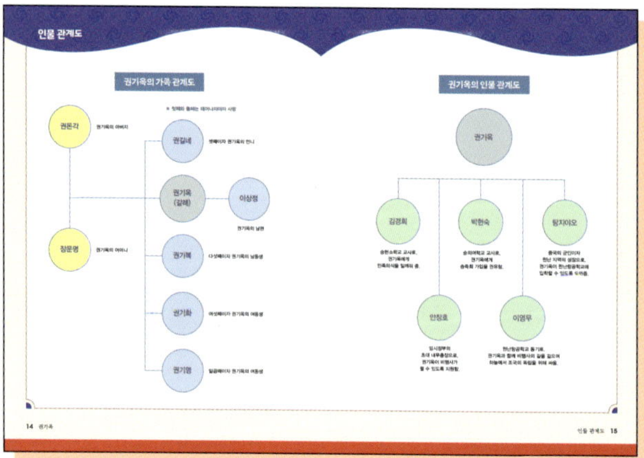

이야기 속 여러 인물들의 관계를 한눈에 보여 줍니다. 이야기 흐름을 파악하는 데 도움을 줄 거예요.

인물 만화

우리나라 역사 인물들을 만화로 만나면 어렵고 딱딱한 역사도 쉽고 재미있게 즐길 수 있어요.

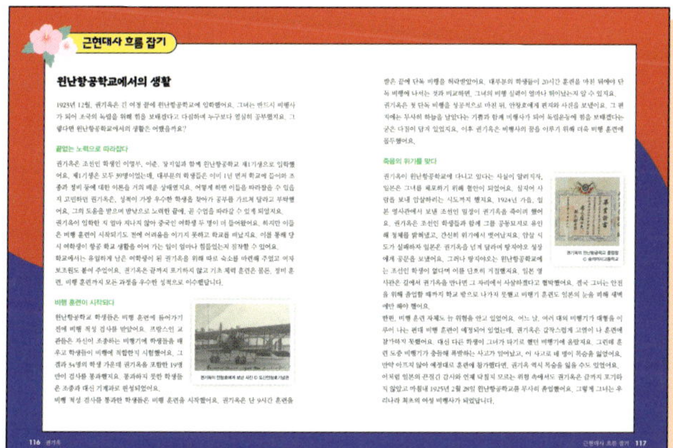

생생한 사진과 자세한 해설로 근현대사 흐름을 알려 주어 다양한 교과 연계 학습이 가능합니다.

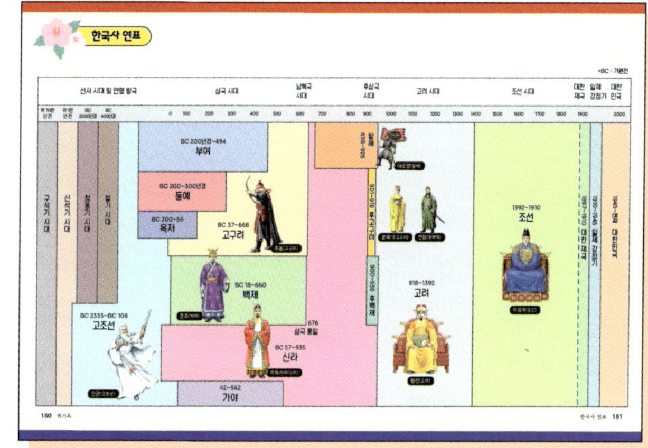

한국사 연표

선사 시대부터 현재까지 이어진 한국사 전체 연표로 역사의 전체 흐름을 이해할 수 있어요.

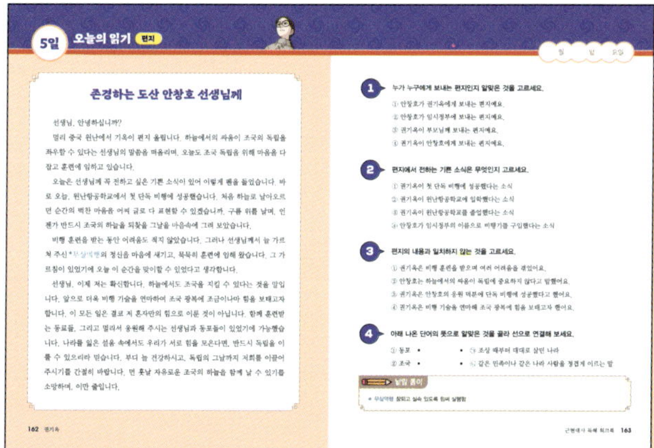

근현대사 독해 워크북

하루에 하나씩 지문을 읽고 문제를 풀어 보세요. 하루하루가 쌓여 문해력이 향상됩니다.

차례

비행사 · 독립운동가
권기옥
1901~1988

우리나라 최초의 여성 비행사이자 독립운동가예요. 어린 시절, 우연히 미국 비행사의 곡예 비행을 보고 비행사가 되겠다는 꿈을 품었지요. 이후 우리나라에서 독립운동을 이어 가다 중국으로 건너가 비행사가 되었고, 하늘에서 조국의 독립을 위해 싸웠어요. 광복 이후에는 국방위원회 전문 위원으로 임명되어, 대한민국 공군이 만들어지는 데 힘을 보탰답니다.

독립운동가 · 교사
김경희
1888~1919

숭현소학교 교사로, 비밀 독립운동 조직인 송죽회를 만들었어요. 수업 시간마다 학생들에게 우리나라의 역사를 가르치며 독립 의지를 북돋아 주었지요. 권기옥은 그녀를 통해 민족 문제와 독립에 대해 깊이 생각하게 되었어요.

독립운동가 · 교사
박현숙
1896?~1980

숭의여학교 교사이자 송죽회의 제3대 회장이에요. 권기옥은 그녀의 권유로 송죽회에 가입했고, 3·1운동에도 적극적으로 참여하게 되었어요.

독립운동가 · 정치인
안창호
1878~1938

임시정부의 초대 내무총장으로 독립운동을 이끌었어요. 그는 독립운동에서 비행기가 중요한 역할을 하게 될 것이라 생각해, 비행기를 구입하고 비행사를 길러 내는 일에도 깊은 관심을 가졌지요. 그 덕분에 권기옥은 임시정부의 추천을 받아 중국의 항공학교에 입학할 수 있었어요.

1901년	1918년	1919년	1920년	1923년
권기옥 출생	송죽회 가입	3·1운동 참여	여자 전도대 조직, 상하이 망명	윈난항공학교 입학

중국의 군인 · 정치인

탕지야오

1883~1927

중국의 군인이자 윈난 지역의 성장으로, 조선의 독립운동에 호의적인 인물이었어요. 권기옥을 만난 뒤 조국 독립을 향한 그녀의 굳은 의지에 깊이 감동해, 윈난항공학교에 입학할 수 있도록 추천장을 써 주었지요. 그 덕분에 권기옥은 윈난항공학교에 들어가 비행사가 될 수 있었어요.

독립운동가 · 군인 · 정치인

이상정

1897?~1947

권기옥의 남편으로 그녀와 함께 우리나라와 중국을 오가며 독립운동을 펼쳤어요. 〈빼앗긴 들에도 봄은 오는가〉를 쓴 민족 시인 이상화가 그의 동생이에요.

권기옥이 활동한 시대는?

권기옥이 아홉 살이 되던 해인 1910년, 우리나라는 일본에 의해 나라를 강제로 빼앗겼어요. 일본은 우리나라를 마음대로 지배하고 사람들을 가혹하게 탄압했지요. 일본의 탄압에 고통받던 우리 민족은 1919년 3월 1일 독립 선언을 하고 태극기를 흔들며 "대한 독립 만세"를 외치는 만세 시위를 벌였어요. 3 · 1운동의 영향으로 상하이에 임시정부가 세워졌고, 독립운동가들은 일본의 손길이 덜 미치는 상하이와 만주, 연해주 등지로 건너가 독립운동을 이어 갔어요. 권기옥 역시 일본 경찰의 추격을 피해 상하이로 건너가 비행사가 되었고, 하늘에서 조국의 독립을 위해 싸웠지요. 이렇게 수많은 사람들이 목숨을 바쳐 희생한 끝에, 1945년 8월 15일 우리나라는 마침내 35년 만에 독립을 맞이하게 되었답니다.

1926년	1927년	1943년	1949년	1988년
펑위샹 군 항공대 합류	국민혁명군 항공대(공군) 합류	임시정부 공군설계위원회 위원 임명	대한민국 국방위원회 전문 위원 임명	사망

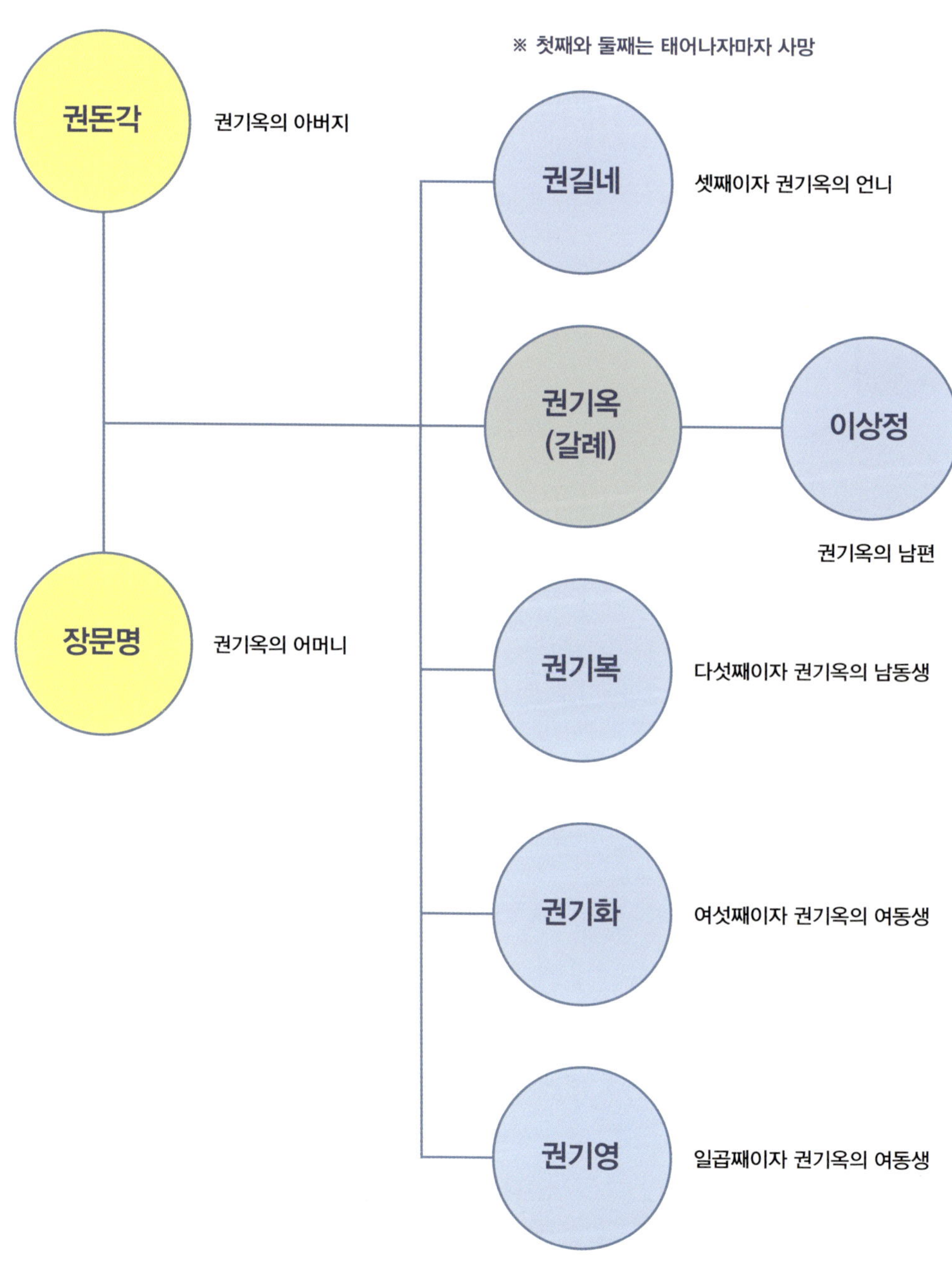
권기옥의 가족 관계도
※ 첫째와 둘째는 태어나자마자 사망
권돈각
권기옥의 아버지
장문명
권기옥의 어머니
권길네
셋째이자 권기옥의 언니
권기옥
(갈례)
이상정
권기옥의 남편
권기복
다섯째이자 권기옥의 남동생
권기화
여섯째이자 권기옥의 여동생
권기영
일곱째이자 권기옥의 여동생

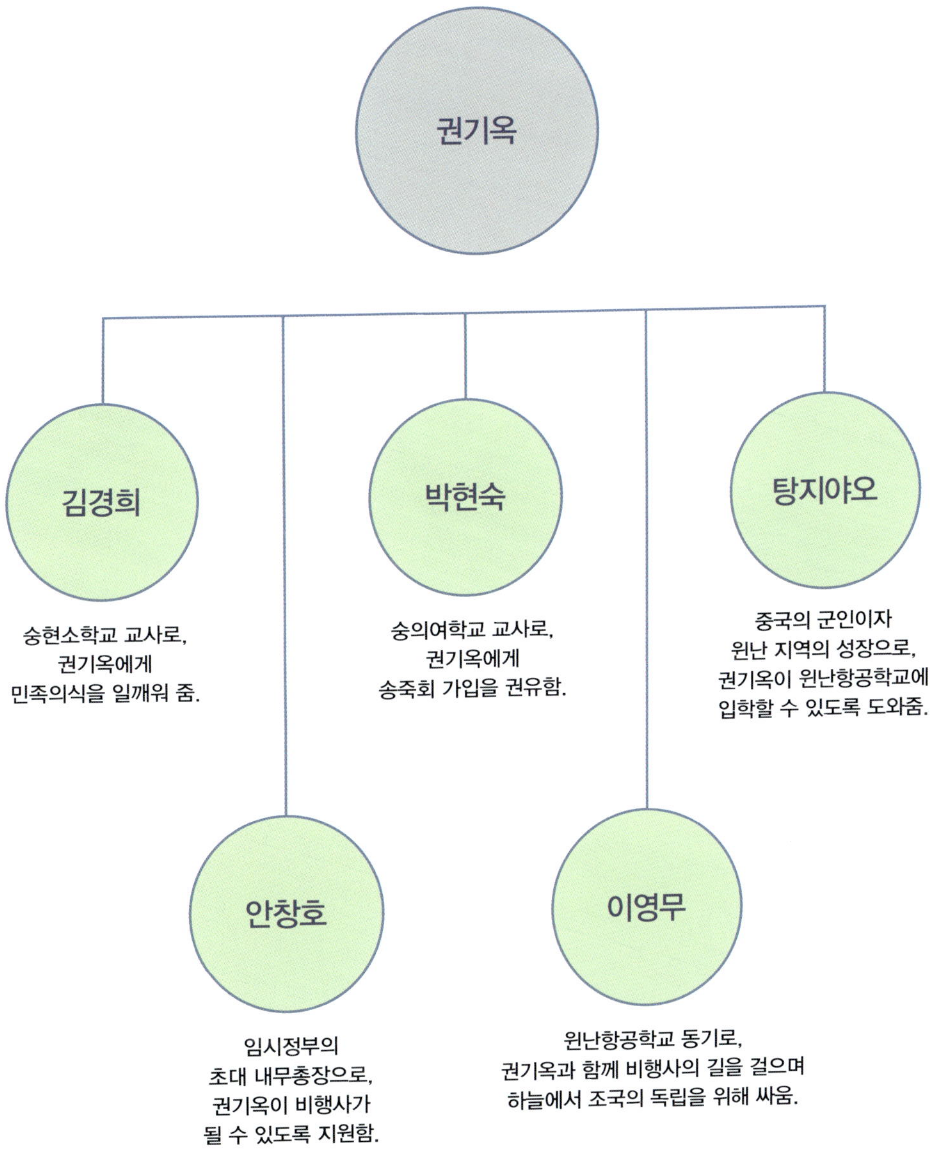

권기옥

김경희

숭현소학교 교사로,
권기옥에게
민족의식을 일깨워 줌.

박현숙

숭의여학교 교사로,
권기옥에게
송죽회 가입을 권유함.

탕지야오

중국의 군인이자
윈난 지역의 성장으로,
권기옥이 윈난항공학교에
입학할 수 있도록 도와줌.

안창호

임시정부의
초대 내무총장으로,
권기옥이 비행사가
될 수 있도록 지원함.

이영무

윈난항공학교 동기로,
권기옥과 함께 비행사의 길을 걸으며
하늘에서 조국의 독립을 위해 싸움.

1932년 1월, 중국 내 일본군 주둔지

처억, 처억, 처억, 처억,
부앙~
부아아앙~
응?
저, 적기다! 피해!
투 투 투 투 투
퍽!
아아악!
퍽!
아아아악!
퍽!

독립운동가이자, 우리나라 최초의 여성 비행사 권기옥. 조국의 독립을 꿈꾸며 하늘을 날아오른 권기옥의 이야기가 펼쳐집니다!

1 🌸 독립의 불씨가 타오르다

학교 다녀오겠습니다~!

똑.

아버지, 저도 학교 보내 주세요.
학교는 무슨, 여자가 읽을 줄 알고 셈이나 할 줄 알면 되지. 넌 다 하잖아.

언니도 다니잖아요!
언닌 장녀잖아! 잔말 말고 집안일이나 해!

나 일 안 해! 나도 학교 갈 거야!
뭐야? 너 이리 안 와?
타 타 탁.

메에롱~!

권기옥이 아홉 살이 되던 해인 1910년, 우리나라는 일본에 의해 나라를 강제로 빼앗겼습니다. 일본은 우리나라를 마음대로 지배하고 사람들을 가혹하게 탄압했습니다.

얼마 뒤, 소학교를 졸업한 언니가 집안 살림을 맡자 권기옥은 은단 공장에 취업해 일했습니다.

재잘.
재잘.

다녀왔습니다.

어서 와. 얼른 저녁 먹자.
끼익

권기옥이 벌어 오는 돈은 어려운 집안 살림에 큰 도움이 되었습니다.

이번 달 월급이에요.
그래, 수고 많았다.
이제야 네가 집안에 한몫을 하는구나.

어둑.
어둑.

탁,

누나, 이거 봐 봐.
그게 뭔데?

세계 지도?
이게 바로 세계 지도라는 거야. 처음 봤지?

응. 이 안에 전 세계 나라들이 다 들어 있어. 여기가 중국, 여기가 일본…, 여기가 우리 조선이래.
어디 봐!

동생이 가져온 세계 지도를 본 권기옥은 더 넓은 세상으로
나아가야겠다고 다짐합니다.

* **월사금** 다달이 내던 수업료

권기옥을 안타까워하던 장대현교회 목사님은 권기옥이 돈을 내지 않고 숭현소학교에 다닐 수 있도록 도와주었습니다.

숭현소학교
여기가 내가 다닐 학교란 말이지?

어떻게 왔니?
행정실
입학에 필요한 서류를 내러 왔어요.

이름이 권기옥?
네? 아뇨 제 이름은….

내 이름이 갈례가 아니라 기옥이었어!
나에게도 제대로 된 이름이 있었어!

뭐가 잘못됐니?
아, 아니요!
제가 권기옥이에요.
권기옥 맞아요!
하하

뒤늦게 학교에 입학한 권기옥은 서너 살 어린 동생들과 함께 공부를 해야 했습니다.

하지만 권기옥은 주눅 들지 않고 열심히 공부했습니다. 집안일을 하면서도, 동생을 돌보면서도 손에서 절대 책을 놓지 않았지요.

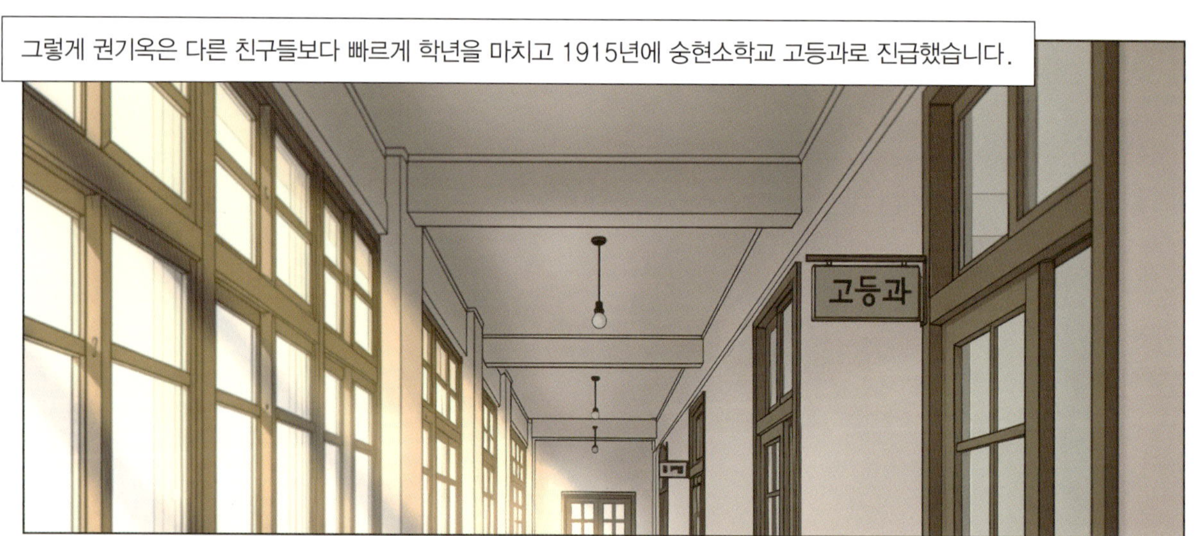

그렇게 권기옥은 다른 친구들보다 빠르게 학년을 마치고 1915년에 숭현소학교 고등과로 진급했습니다.
고등과

그리고 그곳에서 인생에 큰 영향을 준 김경희 선생님을 만나게 됩니다.
오늘은 우리 민족의 역사에 대해 이야기해 볼까요?
웅성
웅성

우리 역사를…, 배워도 되나요?
머뭇

배워도 되는 게 아니라 배워야 하지요.
싱긋

김경희 선생님의 말씀은 권기옥의 마음에 깊이 새겨졌습니다. 권기옥은 나라와 민족에 대해 생각하기 시작했지요.

쯔
웅~

나는 나라를 위해
무엇을 할 수 있을까?
끌
뜰

기옥아, 집에 안 가고 뭐 하니?
선생님!

선생님, 저는 우리나라를 위해
무언가를 하고 싶어요.
그런데 무엇을 해야 할지 모르겠어요.
그런 마음을
가지고 있다는 것만으로도,
지금은 충분하단다.
싱긋

지금은 열심히 공부하면 돼.
그러다 보면 언젠가 네가 나아갈 길이 보일 거란다.
아아…!
그래, 지금 당장은 열심히 공부하고,
언젠가 때가 되면 나라를 위해 힘을 보태겠어!
꽈악
휘이이잉
펑
펑

그렇게 시간은 흘러 권기옥은 고등과 2학년이 되었습니다.
까악! 안 돼!
무슨 일이지?
어서 가 보자!
멈춰요!
이 선생은 학생들에게 불온한 사상을 가르친 죄로 체포되는 거야.
모두 물러서!

그날 권기옥의 마음속에는 조국의 독립을 향한 간절한 의지가
불타오르기 시작했습니다. 그 작은 불씨는 훗날, 하늘을 나는
독립운동가 권기옥의 출발점이 되었지요.

1917년 가을, 권기옥은 잊을 수 없는 경험을 합니다.
웅성· 웅성·
붉은 날개를 탄 아트 스미스

아저씨, 무슨 일 있어요?
미국에서 온 비행사가 비행기 곡예를 보여 준다는구나.

붉은 날개를 탄 아트 스미스
ART SMITH

아직 비행기는 실제로 한 번도 본 적이 없는데! 나도 꼭 구경 가야겠다!

부우우웅——
와아!!

맞다, 오늘이 그날이지!
후다닥,,

부아앙
부아앙
와아
와! 진짜 비행기다!
와
저 큰 쇳덩이가 하늘을 날다니!
으악!
위험해! 떨어진다!
질끈!
휘이이잉

부우우웅
으악, 저것 봐!
떨어지면 어쩌려고!
심장 떨려 못 보겠구먼.

흔들

봤어? 봤지?
나한테 손 흔든 거!
무슨 소리, 나한테 흔든 거야.
여기예요, 여기!

어? 연기다!

워메, 비행기가 고장 났나 보구먼.
이걸 어쩐다냐!
추락하는 거 아냐?
으악! 떨어진다!

SMITH
S…, M…, I…, T…, H…. 스미…, 스미스?
고장 난 게 아니에요! 비행사가 연기로 자기 이름을 쓴 거예요!
그게 참말이야?
큼큼, 나는 진작에 그런 줄 알았다고!
와
와
와
아
와

그날 밤, 권기옥은 잠자리에 누웠지만 쉽게 잠들지 못했습니다.

어둑
맬뚱, 맬뚱.
푸르르르, 쿨~.
정말 멋있었어.
나도 비행사가 되고 싶다.
내가…, 할 수 있을까?
아냐, 여자가 어떻게 비행사가 되겠어.
푹

그렇게 권기옥의 가슴속에 비행사가 되겠다는 꿈이 굳게 자리 잡았습니다.

1918년, 권기옥은 숭의여학교 3학년으로 편입해 공부를 이어 갔습니다.

응, 돈을 구할 데가 있어야지. 머리카락이라도 팔 수 있어서 다행이야.
결국 머리카락을 자른 거야?

무슨 일이길래 머리카락까지 잘라서 돈을 구했을까?
너 그거 몰라? 쟤들 송죽회잖아.
갸우

독립운동 자금을 마련하는 우리 학교 비밀 조직 말이야!
비밀 조직…?!
두다닥

어? 선생님 오셨다. 얼른 들어가자.
어? 어…

뗑·뗑·뗑·
자, 오늘은 여기까지 합시다.
조심히 돌아가세요.
안녕히 계세요!

기옥인 잠깐 선생님 좀 볼까?
멈칫.

기옥아,
혹시 송죽회라고
들어 본 적 있니?
네, 독립운동
비밀 조직이라고
들었어요!

그래, 맞아. 그럼 그것도 아니?
송죽회를 만든 사람이 김경희 선생님이라는 걸.
김경희 선생님이요?

그래. 송죽회는 김경희 선생님을 비롯한 여자 선생님들과
학생들이 모여서 만든 조직이야.
송죽회 회원들은 머리카락을 잘라 팔거나,
용돈이나 패물을 모으거나, 장사를 해서 돈을 모은단다.
그렇게 마련한 돈을 임시정부에 전달하지.

권기옥은 박현숙 선생님의 제안으로 송죽회에 가입했습니다. 그렇게 조국 독립을 향한 권기옥의 발걸음이 본격적으로 시작되었습니다.

고종이 갑작스럽게 숨을 거두자, 사람들 사이에서는 고종이 독살당했다는 소문이 퍼졌습니다.

일본에 대한 분노가 어느 때보다 높아지자, 각계 지도자들은 뜻을 모아 3·1운동을 계획했습니다.

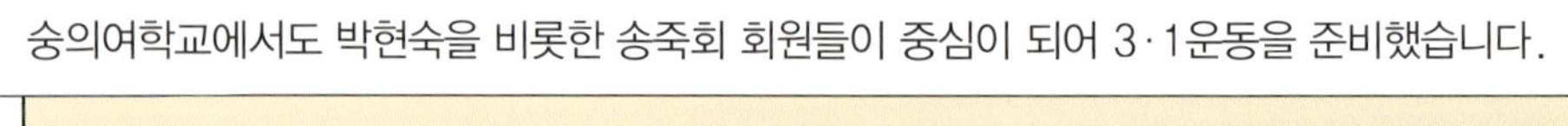
숭의여학교에서도 박현숙을 비롯한 송죽회 회원들이 중심이 되어 3·1운동을 준비했습니다.

이제 우리가 나설 때가 왔습니다.
부 릅.

3월 1일,
우리 민족은 독립 선언을 하고
만세 시위를 벌일 거예요.
만세 시위요?
웅성
웅성

네, 우리 조선이 독립국이고,
조선 사람이 자주 민족이라는 사실을
온 세상에 알리는 것입니다.

이것이 바로 우리나라의 국기인 태극기입니다.
우와!
와아!

우리 송죽회는 만세 시위 때 사람들에게
나누어 줄 태극기를 만들 거예요.
여러분이 여기 종이에 태극기를 따라 그려 주세요.
네!!

몇 날 며칠을 태극기만 그렸는데도 아직 많이 부족한 것 같아.
그러게 말이야. 다른 방법이 없을까?
후유-

아! 우리 태극기를 찍어 내면 어때?
그게 무슨 말이야? 찍어 내다니?

이렇게 나무에 태극기를 새기고-
사각
사각

물감을 발라 종이에 찍어 내면…!
됐다! 손으로 그리는 것보다 훨씬 빠르겠어!
와아

제발 이 태극기 하나하나에 담긴 염원과 노력이 헛되지 않아야 할 텐데….
꼭 그렇게 될 거야. 반드시.

동해물과 백두산이-

마르고 닳도록-

3월 1일…, 이제 우리가 조선의 독립을 세계에 알릴 차례야!

권기옥의 어린 시절 우리나라의 시대적 상황

권기옥이 태어난 해인 1901년, 대한제국(1897년에 조선이 새로 바꾼 나라 이름. 하지만 사람들 사이에서는 예전 이름인 조선도 한동안 함께 사용되었음)은 바람 앞의 등불처럼 위태로운 처지에 놓여 있었어요. 일본이 우리나라를 식민지로 만들기 위해 호시탐탐 기회를 노리고 있었기 때문이에요. 당시 우리나라가 어떤 상황에 처해 있었는지 함께 살펴보아요.

나라를 빼앗기다

19세기 후반, 이웃 나라인 일본은 동아시아에서 가장 먼저 서양 문물을 받아들이며 빠르게 근대화를 이뤘어요. 이후 나라 밖으로 눈을 돌려, 조선을 비롯한 주변 나라들을 식민지로 만들기 위해 기회를 엿보았지요. 1876년, 일본은 우리나라와 불평등 조약인 '강화도조약'을 맺으며 그 속내를 드러냈어요. 이 조약에는 치외법권을 인정하

강화도조약 체결을 강요하는 일본군 © 국립중앙박물관

는 내용이 담겨 있어, 일본인이 조선에서 죄를 지어도 조선의 법으로 처벌할 수 없었어요. 이후 일본은 조선의 정치와 경제에 점점 깊이 간섭하며 영향력을 넓혀 갔어요. 1905년에는 군대를 궁궐 주변에 배치해 대한제국 정부를 위협했고, 그 결과 강제로 '을사늑약'을 맺어 외교권을 빼앗아 갔어요. 이로 인해 대한제국은 다른 나라와 도움을 주고받을 수 없게 되었지요. 일본은 우리나라에 '통감부'를 설치해 대한제국의 중요한 일을 마음대로 결정했고, 시간이 지나며 군대와 경찰까지 통제하기 시작했어요. 그리고 마침내 1910년, 일본은 국권을 빼앗고 대한제국을 완전히 삼켜 버렸지요. 그렇게 우리나라는 일본의 식민지가 되었고, 우리 민족은 자유를 잃은 채 큰 고통을 겪게 되었어요.

일본의 무단 통치

일본은 우리나라를 다스리기 위해 '조선총독부'라는 기관을 세웠어요. 조선총독부는 광복 전까지 입법권과 사법권, 행정권을 모두 장악하며 우리나라를 마음대로 통치했지요.

일본은 무력을 앞세워 우리 민족을 위협했어요. 거리마다 총과 칼을 찬 일본 경찰이 순찰을 돌았고, 우리 민족의 정치 활동은 모두 금지되었어요. 여러 사람이 모여 이야기하는 것조차 감시의 대상이 되었지요. 또 일본은 신문과 책을 마음대로 만들지 못하게 했어요. 우리 민족의 목소리를 담은 신문은 없애고, 일본에 유리한 내용을 실은 신문만 남겨 두었지요. 이로 인해 우리 민족은 생각을 자유롭게 표현할 권리를 잃게 되었어요.

일본은 재산도 강제로 빼앗아 갔어요. 조선총독부는 근대적인 토지 제도와 세금 제도를 만든다며 일정 기간 동안 개인이 가진 땅을 신고하게 했어요. 하지만 절차가 너무 복잡했고, 이런 절차가 있는지도 모르는 농민들도 많았어요. 결국 많은 농민이 땅을 신고하지 못했고, 일본은 이런 땅을 주인 없는 땅이라며 빼앗아 일본 회사나 일본인에게 헐값에 넘겼어요. 땅을 빼앗긴 농민들은 소작농으로 전락해 다른 사람의 땅에서 농사를 지으며 힘든 생활을 이어 갔지요.

일본은 우리나라의 교육도 마음대로 바꾸었어요. 학교에서는 우리말과 우리 역사 대신 일본어와 일본 역사를 가르쳤고, 일본인 교장을 앉혀 학교를 통제하기도 했어요. 또 학교가 일본의 뜻에 맞게 교육하는지 수시로 감시하며, 마음에 들지 않으면 학교 문을 아예 닫아 버리기도 했지요. 하지만 이런 일본의 탄압 속에서도 수많은 교사들은 위험을 무릅쓰고 우리말과 우리 역사를 가르치며, 언젠가 나라를 되찾을 수 있다는 희망을 아이들에게 전해 주었어요.

일본이 세운 조선총독부 ⓒ 위키피디아

2 ❀ 조국의 독립을 외치다

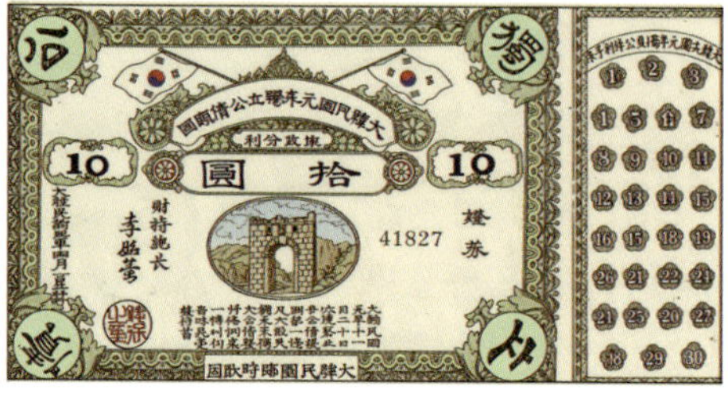

1919년 3월 1일, 장대현교회 앞마당에 수천 명의 사람들이 모였습니다. 정오를 알리는 종소리가 울리자, 독립 선언식이 시작되었습니다.

이제 우리도 가자!

대한 독립 만세!
만세!

대한 독립 만세!
와아아
와아

학교 안팎으로 만세 시위가 한창이던 때, 박현숙 선생님의 체포 소식이 전해졌습니다.
얘들아, 박현숙 선생님이 체포되셨대!
이를 어째? 우리도 당분간 조심해야 하는 거 아냐?
선생님이라면…, 우리가 계속하길 원하실 거야.
우리끼리라도 만세 시위를 계속해야 해.
그래, 네 말이 맞아. 포기하지 말자.
대한 독립 만세!
와아

권기옥은 만세 시위를 이어 가다 일본 경찰에게 붙잡혀 평양경찰서 유치장에 갇혔습니다.

권기옥은 3주 뒤, 유치장에서 풀려났습니다. 고초를 당했지만 독립을 향한 그녀의 의지는 사그라들지 않았습니다.

이후 권기옥은 독립운동 자금을 모으는 데 적극적으로 앞장섰습니다. 특히 임시정부에서 발행한 *공채를 몰래 들여와 사람들에게 팔기도 했습니다.

권기옥은 공채 묶음을 어머니에게 맡겨 두었습니다. 그리고 필요할 때마다 어머니가 일러 준 비밀 장소에서 공채를 찾아 갔지요.

* **공채** 국가나 공공 단체가 일정한 목적을 달성하는 데 필요한 자금을 마련하기 위해 발행하는 증권

이게 임시정부에서 발행한 공채예요.
그러니까 이걸 사서 가지고 있다가 나중에 우리나라가 독립하면 돈을 돌려받을 수 있단 말이지?

네, 공채를 팔아 번 돈은 독립운동에 쓰일 거예요.
스윽

공채를 사면 나도 독립운동에 참여하는 셈이네?
맞아요!

나 그거 한 장 다오. 독립을 위해 목숨을 걸고 싸우는 사람도 있는데, 나도 이 정도는 해야지.
나도!
나도 주렴!

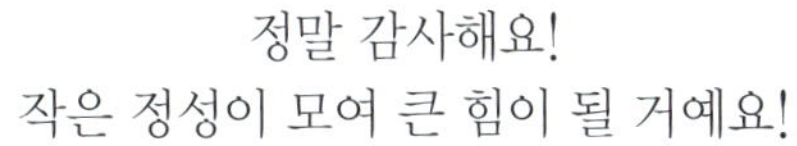

정말 감사해요! 작은 정성이 모여 큰 힘이 될 거예요!
싱긋

지칠 때도 있었지만, 아버지를 비롯한 가족들의 응원은 권기옥이 다시
일어나 독립운동을 이어 가게 하는 힘이 되었습니다.

한편 일본은 10월 1일, 시정 기념일을 맞아 행사를 열기로 합니다. 시정 기념일이란 일본이 조선을 본격적으로 통치하기 시작한 것을 기념해 만든 날이지요.

그 얘기 들었어?
일본이 10월 1일에
시정 기념일 행사를 연대!
뻔뻔한 놈들…,
우리나라를 훔친
도둑질을 자랑이라도
하겠다는 거야?
"송 축 회"
내 말이.
게다가 그날 우리 학교에서도
시정 기념일을 축하하는
행사를 하게 할 거래.
무슨 방법이 없을까?
이대로 나라를 빼앗긴 것을
박수 치며 축하할 순 없어.
후유-

…만세 시위,
그날 만세 시위를 벌여
우리 의지를 보여 주는 게 어때?
그거 좋은 생각이야!

10월 1일
준비됐지?
끄덕

그날 권기옥은 숭의여학교 학생들과 함께 축하 행사 대신 만세 시위를 벌였습니다. 소식을 듣고 출동한 경찰은 시위에 참여한 200여 명을 체포했고, 권기옥 역시 붙잡혀 3주 동안 유치장에 갇혔다 풀려났습니다.

권기옥이 풀려나고 며칠 뒤, 임시정부의 주도 아래 평양에서 약 3,000명이 참여한 대규모 만세 시위가 일어났습니다. 권기옥은 이 시위에 나섰다가 또다시 체포되어 평양경찰서 유치장에 갇혔습니다.

그리고 권기옥은 이때 악독하기로 유명한 형사 다나카에게 모진 고문을 당합니다.

권기옥, 만세 시위에 참여한 것도 모자라
공채까지 팔았더군.
누가 너에게 공채를 주었지?
무슨 말인지 모르겠다.
그래, 처음엔 그렇게 다들 모른다고 하지.
하지만 얼마나 버틸 수 있는지 보자.
턱!
절벅.
절벅

끄,
끄떡!
아약!

다시 묻겠다.
네게 공채를 팔라고 시킨 놈이 누구냐?
난 모른다.

독한 계집이군.
본때를 보여 주마!
훅!

동지들 이름을 대라.
아니면 두 다리로 걸어 나갈 수 없을 거다!
퍽!
아악!

호호호. 난 이미 조국에 내 목숨을 바쳤다.
감히…,
조선의 계집 따위가…!

퍽!
아아악!
퍽! 퍽!

기절했습니다.
이러다 큰일 나겠습니다.
그만하십시오.
제길, 끌고 가!

혹독한 고문이 3주 동안 계속되었지만, 권기옥은 끝내 입을 열지 않았습니다.
아무리 고통스러워도 동지들을 팔 순 없어.
내가 입을 열면 조선의 독립도, 내 꿈도 더 멀어지는 거야.

권기옥은 다나카의 쪽지 때문에 혐의를 입증할 만한 증거가 없음에도 감옥으로 보내져 6개월을 보냈습니다.

감옥에서의 시련은 권기옥의 의지를 더욱 단단하게 만들었습니다.
권기옥은 멈추지 않고 더욱 적극적으로 독립운동에 나섰지요.

한편 감옥에 있는 동안 학교를 졸업한 권기옥은 학교 밖에서 독립운동을 이어 나갈 방법을 고민합니다.

당시 평양에서는 숭실학교 남학생들이 만든 브라스밴드 전도대가 인기를 끌고 있었습니다.

이들은 연주와 설교로 하나님의 말씀을 전하는 단체였지만, 그 속에서 사람들의 독립 의식을 북돋우며 독립운동에도 힘을 보태고 있었지요.

권기옥은 전도대에 들어가기로 결심하고 이들을 이끌고 있던 차광석을 찾아갔습니다.
아! 그 유명한 권기옥 동지군요. 명성은 익히 들어 알고 있습니다.
안녕하세요? 저는 권기옥이라고 합니다.

그런데 무슨 일로…?
그게…, 여자도 전도대에 들어갈 수 있나요? 저도 함께하고 싶습니다.

흠….
역시 어려울까요?

아! 그러지 말고 이참에 여자 전도대를 만들어 보는 건 어때요?
정말 좋은 생각이에요! 감사합니다.
여자 전도대…?
내가 왜 직접 전도대를 만들 생각을 못 했지?

권기옥은 곧 뜻을 같이하는 사람들을 모아 평양청년회 여자 전도대를 만들었습니다.

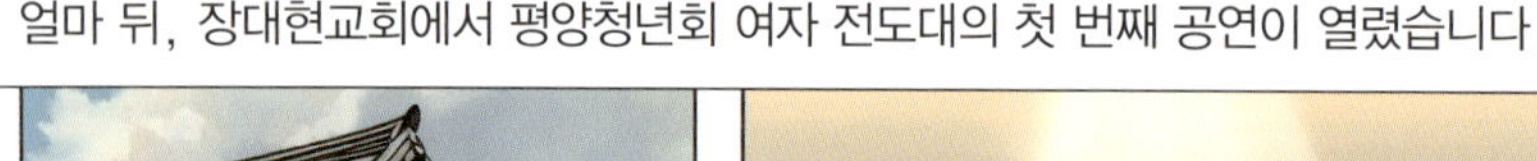
얼마 뒤, 장대현교회에서 평양청년회 여자 전도대의 첫 번째 공연이 열렸습니다.

권기옥이 설교를 맡은 첫 공연은 사람들의 열렬한 호응 속에 성공적으로 마무리되었습니다. 이후 평양청년회 여자 전도대는 큰 인기를 끌며, 20여 개 도시를 돌며 순회 공연을 펼쳤습니다.

권기옥은 순회 공연 중에 각지에 있는 임시정부 대원들과 접촉하며 비밀리에 독립운동을 이어 나갔습니다.

그러던 어느 날….
어둑
저벅,
저벅,

턱!

누…, 누구?
쉿! 접니다.

김재덕 동지!
상하이에 머무르던 거
아니었어요?
사정이 있어 잠시 들어왔습니다.
저 좀 도와주십시오.

다음 달에 미국 국회 의원들이
우리나라를 방문할 예정인데,
그때 임시정부 대원들이 일제 기관을 폭파해
독립의 당위성을 알리려고 합니다.

그런데 숨어서 폭탄을
제조할 장소가 마땅치 않아서요.
도와줄 수 있겠습니까?
물론이에요!
끄덕

김재덕의 부탁을 받은 권기옥은 이들을 숭현소학교 지하 석탄 창고에 숨겨 주었습니다.

어둑 어둑

탁, 타탁, 탁,

자, 여기예요.
여름 방학이라 오가는 사람이 없을 테니
안심하시고 쓰셔도 됩니다.
기옥 동지, 정말 고맙소.

모두 목숨을 걸고 독립을 위해 싸우고 있어.
부디 이들의 희생이 헛되지 않기를….

며칠 뒤

모두 몸조심하십시오.
끄덕,
끄덕,

으악! 폭탄이다!
모두 피해!
파
쾅!!
쾅!

쾅!
할
할
할
할
해냈어…!

이 사건이 전 세계에
우리의 독립 의지를 알릴 거야!
이렇게 싸우면 일본을 물리칠 수 있어.
끝까지 희망을 버리지 말자!

거사는 성공했지만, 그날 이후 일본 경찰의 감시가 더욱 심해졌습니다.
최근 들어 감시가 더 심해졌어. 당분간 몸을 사리는 게 좋겠어.
끌꺽.

기옥아! 기옥아!
탁 탁 탁

무슨 일인데 그렇게 급하게 불러? 숨 넘어가겠다.
대한애국부인회 회원들이 끌려갔대! 독립운동 자금을 모금한 일이 발각된 것 같아!

뭐? 그게 정말이야?
응, 분위기가 심상치 않아.

너도 얼른 몸을 피해. 전도대랑 폭파 사건 때문에 일본 경찰들이 벼르고 있잖아!
알겠어, 당장 몸을 피할게!

권기옥은 일본 경찰의 눈을 피해 학교 기숙사에 몸을 숨겼습니다.
이, 이쪽으로….
끄덕
으윽

이대로라면 곧 체포되고 말 거야.
아직 조국을 위해 할 일이 많은데…,
이를 어쩌면 좋지?

그래, 임시정부가 있는 상하이로 가자.
그곳에선 더 큰 일을 할 수 있을 거야!
끄악

마지막으로 어머니 아버지께 인사를 드려야겠어.
으윽
그리고 깊이 고민한 끝에 중국으로 망명하기로 결심합니다.

그날 밤
어둠
소곤.
소곤.
어머니! 아버지!

기옥아!
두근
두근

어머니, 아버지,
저는 이제
상하이로 떠나요.
그래, 여기는 너무
위험해. 얼른 몸을
피하거라.

권기옥, 여기 있는 거 다 안다.
당장 나와라!
!!

어서 도망쳐!
부디
건강하세요!

거기 서라!
탁
탁
탁
탁
탁

저쪽이다! 놓치지 마라!
탁, 탁,
탁, 탁, 탁,

헉, 헉,
바들, 바들,

두리번
분명 여기로 왔는데…, 대체 어디로 간 거야?
얼른 저쪽으로 가 보자고!

후우-

일본 경찰의 추격 끝에 겨우 몸을 피한 권기옥은 시골 아낙으로 변장한 뒤 곧장 배에 몸을 싣고 상하이로 향했습니다.

독립운동의 전개

일본에게 나라를 빼앗긴 뒤에도 우리 민족은 끝까지 희망을 놓지 않았어요. 나라 안팎에서 자유를 되찾기 위한 독립운동이 끊임없이 이어졌지요.

3·1 운동의 시작

일본이 우리나라를 지배하던 때, 나라 밖에서는 제1차 세계대전이 일어났어요. 그리고 제1차 세계대전이 끝날 무렵 미국의 윌슨 대통령은 "각 민족은 자신의 정치적 운명을 스스로 결정할 권리가 있다."라고 주창하며 민족자결주의를 내세웠지요. 이 사상은 다른 나라의 지배를 받던 많은 나라를 크게 고무시켰어요. 우리나라도 마찬가지

만세 운동을 벌이는 사람들 ⓒ 위키피디아

였지요. 그러던 중 1919년 1월 21일에 고종 황제가 갑작스럽게 세상을 떠나자, 일본에 의해 독살당했다는 소문이 퍼지며 백성들은 크게 분노했어요. 그리고 얼마 지나지 않아 2월 8일, 일본에서 한국인 유학생들이 독립 선언서를 발표하면서 국내에 큰 자극을 주지요.

이에 국내에서는 종교계 인사들과 학생들을 중심으로 전국적인 만세 시위를 준비하기 시작했어요. 그리고 고종의 장례식을 이틀 앞둔 1919년 3월 1일, 민족 대표들은 서울의 태화관에 모여 독립 선언서를 낭독하고 독립을 선언했어요. 같은 시각, 탑골 공원에서는 학생들과 시민들이 모여 독립 선언서를 낭독하고 "대한 독립 만세"를 외치며 거리로 나섰지요.

서울에서 시작된 만세 운동은 전국 곳곳으로 퍼져 나갔고, 만주와 연해주 등 해외에서도 이어졌어요. 3·1운동은 비록 일본의 탄압으로 독립으로 이어지진 못했지만, 전 세계에 우리 민족의 굳은 독립 의지를 알리는 중요한 계기가 되었어요.

임시정부의 수립과 활동

3·1운동 이후, 독립운동가들은 우리 민족의 힘을 하나로 모아 독립운동을 체계적으로 이끌 조직이 필요하다고 느꼈어요. 이에 중국 상하이에 임시정부가 세워졌지요.

임시정부는 우리나라의 독립 의지를 알리고 독립에 대한 지원을 이끌어 내기 위해 외교 활동에 힘을 쏟았어요. 또한

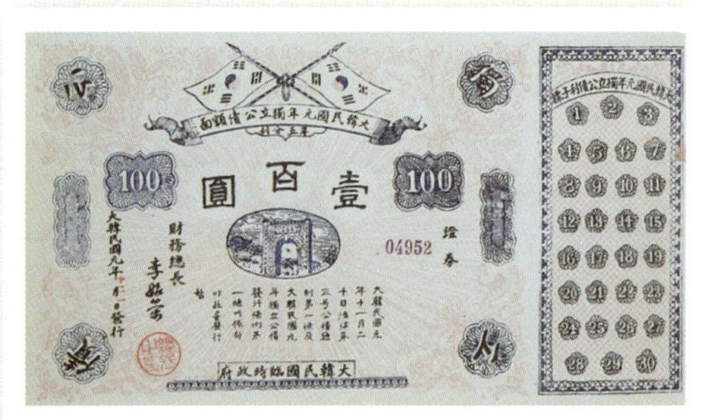

임시정부에서 발행한 독립 공채 © 위키피디아

임시정부는 국내외를 연결하기 위해 연통제와 교통국이라는 비밀 기관을 만들었어요. 두 기관은 국내외의 연락을 맡고 정보를 수집하고 자금을 모아 전달하는 등 다양한 업무를 맡았지요. 임시정부는 《독립신문》을 발행해 동포들에게 독립운동 소식을 알리고, 우리 민족의 독립 정신을 일깨우는 데에도 힘썼어요.

임시정부가 제대로 활동하기 위해서는 무엇보다 자금이 꼭 필요했어요. 그래서 임시정부는 세금을 걷고, 독립 공채를 파는 등 여러 방법으로 독립 자금을 마련했지요. 공채는 정부가 국민에게 돈을 빌리며 발급해 주는 증명서로, 우리나라가 독립하면 그 돈을 반드시 갚겠다는 약속이 담겨 있었어요. 독립 공채는 일본의 눈을 피해 비밀리에 판매되었지요.

무장 독립 투쟁

일부 독립운동 세력은 평화적인 방법만으로는 나라를 되찾기 어렵다고 생각했어요. 그래서 무기를 들고 일본군과 직접 맞서 싸우는 무장 독립 투쟁에 나섰지요. 1910년대, 만주에서는 신흥무관학교가 세워졌어요. 이회영과 이상룡 등은 자신의 전 재산을 바쳐 이 학교를 세우고, 독립군을 기르는 데 헌신했지요. 신흥무관학교에서는 사격과 전투 훈련 같은 군사 과목뿐 아니라, 역사와 지리 같은 일반 과목도 함께 가르치며 학생들에게 민족의식을 심어 주었어요. 이곳에서 약 2,100명의 독립군이 길러졌답니다. 만주와 연해주 곳곳에서는 여러 독립군 부대가 조직되었어요. 홍범도가 이끈 대한독립군, 김좌진이 지휘한 북로군정서 등이 일본군과 맞서 싸우며 우리 독립군의 힘과 의지를 널리 알렸답니다.

3 하늘로 나아가는 길

1920년 11월, 권기옥은 한 달이 넘는 긴 여정 끝에 임시정부에 도착합니다.

손정도 의장님,
이분이 바로 제가 말씀드렸던
권기옥 동지입니다.

어서 오시오.
평양에서
많은 활약을 했다고요?

별말씀을요.
마땅히 해야 할 일이었습니다.
그보다 상하이에서 머물면서
더 큰일을 하고 싶습니다.

하하, 들던 중 반가운 소리군요.
일단 오느라 고생했을 테니
편하게 쉬고 앞으로의 일을 의논해 봅시다.

감사합니다!

꾸
벅

이곳에서는 안창호 선생님을 비롯해 많은 분들이 독립을 위해 애쓰고 계시오. 때가 되면 차차 소개해 드리겠소.
네!

선생님, 저희는 오늘 밤 떠납니다.
그래, 부디 몸조심하게나.
척

네, 다시 뵐 때까지 안녕히 계십시오.
꾸벅

저들은 어디로 가는 거예요?
만주로 가는 거요. 그곳에서 무장 투쟁에 나설 예정이지.

그렇군요….

빵, 빵,
철컹,
철컹,
상하이는 평양과 천지 차이구나.
다들 정말 자유로워 보여.
와글, 와글,
그나저나 동지들 모두
자기가 할 수 있는 일을 찾아
목숨을 걸고 독립운동을 하고 있어.
나는 무엇을 할 수 있을까…?
내가 하고 싶은 일은 뭘까…?

하고 싶은 일…, 내 꿈….
부아아앙~
그래! 내 꿈은 비행사였지!
이곳 상하이에서라면 여자인 나도
비행사가 될 수 있을 거야!
벌떡
깜짝!
비행사가 되어
일본에 폭탄을 퍼부을 거야.
내가 이곳에 온 건 단순히 살아남기
위해서가 아니라, 조국을 위해
더 멀리, 더 높이 날기 위해서였어!
콰, 쾅, 쾅!
당장 의장님께 가자!
타 탁 탁

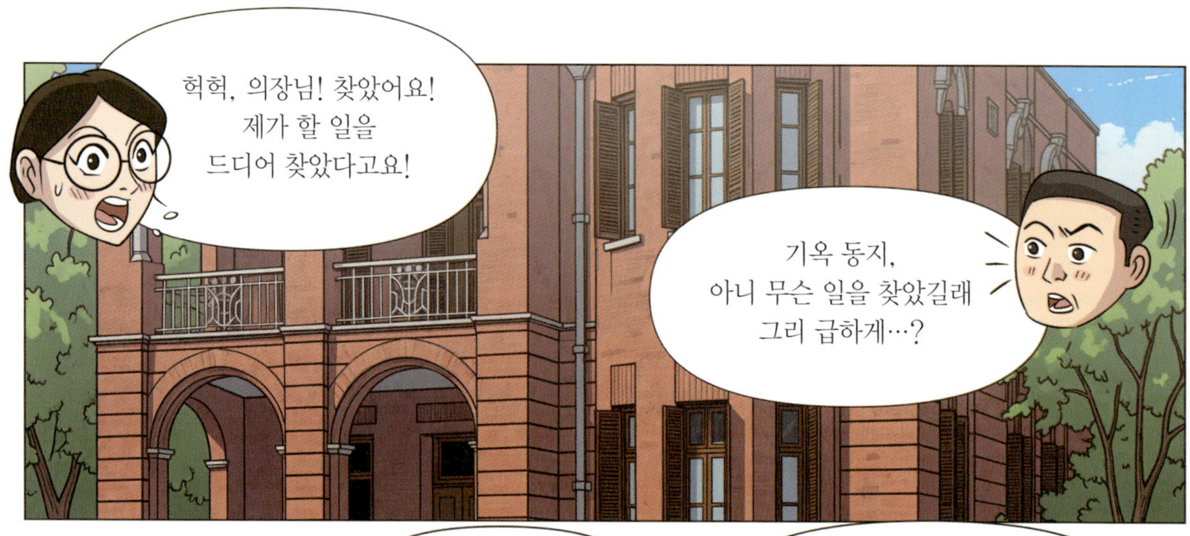

헉헉, 의장님! 찾았어요!
제가 할 일을
드디어 찾았다고요!
기옥 동지,
아니 무슨 일을 찾았길래
그리 급하게…?

전 비행사가 될 거예요.
비행사가 되어
일본을 폭파할 거예요!
비행사?
여자가 비행사가 된다고?

여자 비행사는 아직 없소.
그리고 웬만한 남자도 힘들어하는 게
비행기 조종이오. 정말 괜찮겠소?
물론이죠!
성별은 저에게 아무런 문제가 되지 않아요.
그리고 비행사는 제 오랜 꿈이에요.
비행사가 되어 조국의 독립에 큰 힘이 되고 싶어요!
그래, 저 눈빛이라면
뭐든 할 수 있을 거야.
조선의 하늘을 그녀에게 맡기자.

알겠소.
나도 힘닿는 데까지 돕겠소.

사실 우리 임시정부도 오래전부터 공군의 필요성을 느껴 왔소.
그래서 얼마 전까지만 해도 미국에 항공 학교를 만들어 비행사들을 훈련시켜 왔지.
비록 지금은 사정이 어려워
문을 닫았지만, 언젠가 다시 열기 위해
많은 이들이 백방으로 뛰고 있소.

그러니 그때까지 실력을 키우면서 기다린다면
언젠가 기회가 올 거요. 할 수 있겠소?
네, 할 수 있어요!

꿈은 확고해졌으니
이제 내가 할 수 있는 일을 하자!
꽈
악

권기옥은 임시정부의 추천장을 들고 항저우에 있는 홍따오여학교로 향했습니다.

홍따오여학교에 입학한 권기옥은 중국어와 영어를 전혀 하지 못해 한참 어린 학생들과 공부를 해야 했습니다.

권기옥은 포기하지 않고 열심히 학업을 이어 갔고, 결국 2년 2개월 만에 우수한 성적으로 학교를 졸업할 수 있었습니다.

그렇게 권기옥이 학업을 마치고 상하이로 돌아왔지만 항공 학교는 아직 문을 열지 못한 상태였습니다. 하지만 권기옥은 포기하지 않고 비행사가 될 수 있는 길을 백방으로 알아보았습니다.

방법이 전혀 없는 건 아니야.
사실 지금 우리 청년들을
중국 항공 학교에 입학시켜
비행술을 배우게 하고 있네.

정말요?
그럼 저도 중국 항공 학교에
입학할 수 있을까요?
그런데….

아직 여학생이 입학한 적은 없어.
솔직히 항공 학교에서
자네를 받아 줄 가능성은 아주 낮네.

그건 걱정 마세요!
가능성은 제 꿈에 걸림돌이 되지 못해요.

당장 편지를 보내
입학할 수 있는지 물어봐야겠어요!
하하,
내가 자네가 어떤 사람인지 잊고 있었군.
좋아! 난 도울 수 있는 사람을 알아보지.

샤읍
후우~

난유안 항공학교
바오딩 항공학교
광둥 항공학교

두 곳은 여자라서 안 되고,
한 곳은 비행기가 없어
이론 교육만 가능하다니 의미가 없잖아.
이를 어쩌지….

….

흥, 내가 이대로 포기할 줄 알고?
아직 한 곳이 더 남았잖아!
벌
떡
꽈악

나 권기옥,
내 인생에 포기는 없다!

하지만 또 편지로 입학할 수 있는지 물었다가 일방적으로 거절당할 순 없어요. 제겐 마지막 기회라고요.

* **군벌** 군대를 중심으로 한 정치 세력

권기옥은 임시정부에서 써 준 추천장을 가지고, 윈난으로 향하는 청년들과 함께 윈난항공학교로 출발했습니다.

그들은 배를 타고 베트남 하이퐁에 도착해,

다시 기차를 타고 베트남 하노이를 거쳐 중국 윈난 가까이에 다다랐습니다.

그리고 다시 수백 킬로미터나 되는 먼 길을 걸었습니다.

절벽을 타고 벼랑길을 지나면서 발톱이 빠지고 피가 났지만 권기옥은 절대 포기하지 않았습니다.

그렇게 약 한 달에 걸친 긴 여정이 끝나고, 마침내 권기옥은 탕지야오가 있는 윈난에 도착했습니다.

어이, 무슨 일이야?
탕지야오 성장님을 만나러 왔습니다.
성장님은 바쁘신 분이야. 아무나 만나지 않는다고!
저는 윈난항공학교에 입학하기 위해서 상하이에서 왔어요. 꼭 성장님을 뵈어야 해요.
상하이에서 여기까지 왔다고?
네, 임시정부에서 써 준 추천장도 들고 왔어요. 제발 들여보내 주세요.
…

큼큼,
일단 그 추천장은 두고
돌아가서 기다리시오.
하지만….
싫으면
그냥 돌아가든가!

아, 아니에요.
꼭 성장님께 이 추천장을
전달해 주세요.
추 천 서

추천장은 제대로 전해졌을까?
이대로 사라졌으면 어떡하….
앗! 노크 소리!
똑
똑

자네가 권기옥인가?
성장님께서 보자고 하신다.
내일 오후 1시까지 오게.
네, 알겠습니다.
감사합니다,
정말 감사합니다!

다음 날

어제는 실례가 많았소. 우릴 따라오시오.
끄덕

후우.
…마지막 기회야.
떨지 말고
할 말을 다 하고 오자!

덜 컥,

째 깍,
째 깍,

조선 여성이
용케 이곳까지 찾아왔군!

성장님, 저는 조선에서 온 권기옥이라고 합니다.
간절히 부탁드릴 일이 있어 이렇게 찾아왔습니다.

무슨 일인데
이 먼 곳까지 찾아왔는가?

저는 비행사가 되어
하늘에서 조선의 독립을 위해
싸우고 싶습니다.

제가 윈난항공학교에
입학할 수 있도록 도와주십시오!
낄끈,

흠…, 비행사가 되는 일은
연약한 여자의 몸으로는 하기 힘든 일이네.
여지껏 항공 학교에
여학생이 없기도 했고 말이야.

몸이 작고 약하다고
조국을 위한 마음도
작고 약한 것은 아닙니다.
조국을 위해 목숨을 바치겠다는
저의 의지는 누구보다 강합니다!

저는 비행사가 되어
하늘에서 일본을
폭파하고 싶습니다!
빤
짝,

빠

안

내가 너무 흥분했나….

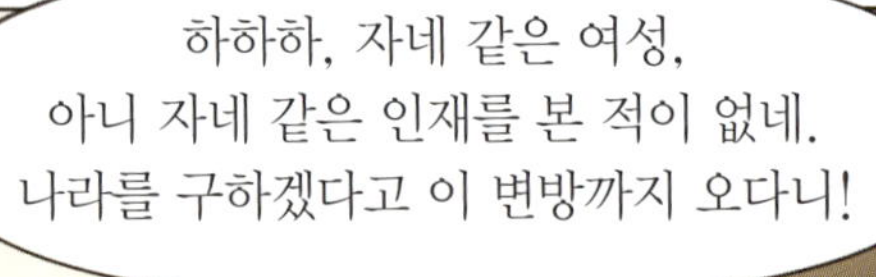

하하하, 자네 같은 여성,
아니 자네 같은 인재를 본 적이 없네.
나라를 구하겠다고 이 변방까지 오다니!
네…, 네?
짝, 짝

좋아, 내가 자네의 입학을
추천하도록 하지.
저, 정말입니까?

이 추천서를 가지고
항공 학교에 가게.
건투를 비네.
이 은혜는
평생 잊지 않겠습니다.
감사합니다!
꾸벅

척

기다려라, 일본.
내가 곧 하늘에서
조국의 설움을 되갚아 줄 것이다!

꽈악

윈난항공학교에 들어가다

권기옥은 상하이로 망명한 뒤 임시정부의 일을 도우며 어릴 적 품었던 비행사의 꿈을 다시 떠올렸어요. 그러나 우리나라에는 비행사를 키우는 항공 학교가 없었어요. 그래서 권기옥은 새로운 길을 찾아 중국 항공 학교의 문을 두드리게 되었지요. 권기옥은 어떤 과정을 거쳐 윈난항공학교에 들어가게 되었을까요?

임시정부의 항공 학교

사실 권기옥이 상하이에 도착하기 얼마 전까지만 해도 임시정부에서 운영하는 항공 학교가 있었어요. 바로 미국에 세워진 '윌로우스한인비행학교'예요. 임시정부는 제1차 세계대전 때 비행기가 전투에 사용되는 모습을 지켜보며, 공중전이 전쟁의 승패를 좌우한다는 사실을 깨달았어요. 일본을 상대로 독립운동을 벌이기 위해서는 우리나라에도 반드시 비행사가 필요하다고 생각했지요.

당시 임시정부의 초대 군무총장이었던 노백린은 이를 실행하기 위해 미국으로 건너갔어요. 그는 캘리포니아 윌로우스 지역에서 농사를 지어 큰 부를 이룬 김종림을 만났고, 김종림의 지원으로 1920년 2월에 윌로우스한인비행학교를 열었지요. 학교는 곧 비행기 3대를 구입해 본격적인 비행 훈련을 시작했어요. 처음 24명이던 학생 수는 같은 해 6월에 30명으로 늘어났고, 7월에는 네 명의 학생이 첫 수료식을 치렀어요. 임시정부는 이 항공 학교를 통해 비행 인재를 길러 내고 공군을 설립할 계획을 세웠지요. 하지만 이 꿈은 오래가지 못했어요. 항공 학교를 지원하던 김종림의 농장이 캘리포니아 전역에 큰 피해를 남긴 대홍수로 어려움에 처했기 때문이에요. 결국 윌로우스한인비행학교는 약 1년 만에 문을 닫게 되었어요.

권기옥과 중국 항공 학교

임시정부의 초대 내무총장이던 안창호는 노백린과 마찬가지로 독립운동에서 비행기가 중요한 역할을 할 거라고 생각했어요. 그래서 비행기와 비행사를 구하기 위해 여러 방면으로 노력했지요. 하지만 임시정부의 자금 사정이 악화되고, 항공 학교마저 문을 닫자 임시정부는 우리 힘만으로 공군을 길러 내기 어렵다고 판단했어요. 그래서 중국의 항공 학교에 우리나라 청년들을 위탁해 비행술을 배우게 했지요.

당시 중국은 군벌이 각 지역에서 영향력을 행사하고 있었어요. 이들 가운데 일부는 비행대나 항공 학교, 비행 훈련소를 가지고 있었지요. 권기옥이 항공 학교 입학을 희망하던 무렵에는 중국에 네 곳의 항공 학교가 있었어요. 난유안항공학교, 바오딩항공학교, 광둥항공학교, 그리고 윈난항공학교였는데, 이들 모두 군벌이 세운 학교였지요.

권기옥은 비행사가 되기 위해 이 학교들에 차례로 지원했어요. 그러나 난유안항공학교와 바오딩항공학교는 여자라는 이유로 그녀의 입학을 거절했어요. 광둥항공학교는 입학을 허가했지만, 이번에는 권기옥이 스스로 입학을 포기했어요. 그곳에는 실제로 비행 훈련을 할 수 있는 비행기가 없어 이론 수업만 가능했기 때문이에요.

결국 남은 선택지는 윈난항공학교뿐이었어요. 앞선 학교들처럼 편지를 보냈다가 거절을 당할까 봐 염려했던 권기옥은 직접 윈난으로 가기로 결심했어요. 그래서 임시정부의 추천장과 중국인 혁명가 방성도의 추천장을 품에 안고 윈난으로 길을 떠났지요.

윈난항공학교에 입학하다

권기옥이 추천장을 들고 찾아간 윈난 지역의 성장 탕지야오는 우리나라의 독립운동에 호의적인 군벌이었어요. 그는 과거 일본에서 유학하며 조선의 현실을 알게 되었고, 이후 노백린 등과 교류하며 우리나라 청년들이 윈난에 있는 군관 학교에서 교육받을 수 있도록 도와주고 있었지요. 탕지야오는 권기옥을 직접 만나 이야기를 나눈 뒤, 독립을 향한 그녀의 굳은 의지에 깊이 감동했어요. 그래서 윈난항공학교 교장에게 보내는 추천장을 직접 써 주었지요. 권기옥이 탕지야오의 추천장을 들고 윈난항공학교를 찾아갔을 때, 마침 학교에서는 새 교장의 취

중국 윈난의 성장 탕지야오
© 위키피디아

임식이 열리고 있었어요. 추천장을 읽은 새 교장은 학교에 어떻게 여자를 들이냐며 불만을 드러냈어요. 그러자 이전 교장이 나서 이건 탕지야오 성장의 명령이므로 받아들여야 한다며 권기옥의 입학을 거듭 권유했지요. 그렇게 새 교장과 이전 교장의 논쟁이 이어진 끝에, 마침내 권기옥은 1923년 12월에 윈난항공학교에 입학할 수 있었답니다.

4 하늘에 올라서다

1923년 12월, 윈난항공학교
안녕하세요! 권기옥입니다. 잘 부탁드립니다.
오! 이번에 새로 입학했다는 여학우이시군요.
이야기 많이 들었습니다.
우리 같은 민족끼리 서로 도우며 지냅시다!

그나저나 대부분의 학생들이 작년에 입학해 이론을 거의 다 배웠는데, 따라올 수 있겠습니까?

걱정 마세요. 남들보다 늦게 시작해 일찍 끝내는 게 제 특기랍니다!

오늘도 누님이 마지막까지 남아서 공부하네.
정말 대단해.

하나!
둘!
셋!

여자라고 얕봤는데
훈련을 하나도 빼지 않고
해냈다며?
해내다마다!
기초 체력이며 총검술,
사격 다 너보다 뛰어날걸?
헉.
헉.
헉.
헉.
헉.
헉.

이제 곧 진짜 비행기를
탈 수 있겠군.
누구지?
프랑스에서 온
비행 교관들이잖아.

진짜 비행기를 탄다고?

며칠 뒤
지금부터
비행 적성 검사를 시작하겠다.
비행기를 타는 동안
비명을 지르거나 멀미를 하면
바로 탈락이다.
이름을 부르면
바로 나와 비행기에 탄다.
으아아악!
사, 살려 줘!
부
아
아
아
앙
으어어어!!
유우웨엑!!
탈락!!

권기옥!
드디어 첫 비행이야. 정말 꿈만 같아.
자, 네가 정말 비행사가 될 인재인지 확인해 보자. 간다!
타 탁
부 우 우 웅
부 아 앙
그대로 눈을 감고 있으면 탈락이다. 눈을 떠!
끌끔,
와아~! 아름다워!

호호, 이래도 아름다운지 볼까?
헉-

부아
아
앙

내가 너무 심했나?
비명 소리가 들리지 않는 것 보니
기절한 거 아냐?

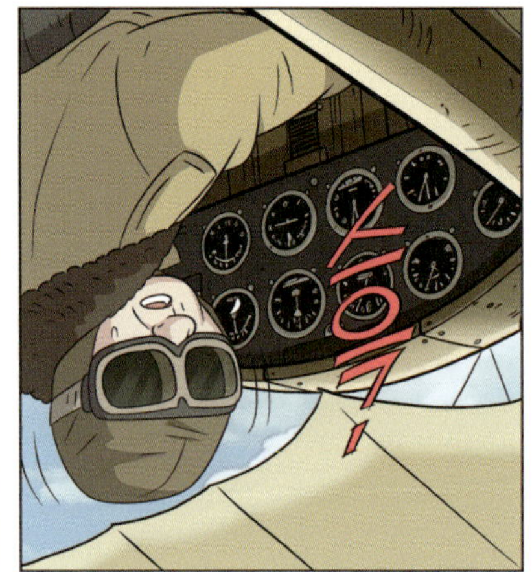

흐윽!

헉!
활짝

하늘이 정말 제 아래에 있습니다!
교관님, 제가 날고 있습니다!

그날 비행 적성 검사에 통과한 학생은 34명 중에 19명밖에 되지 않았습니다. 통과한 학생은 조종과, 통과하지 못한 학생은 기계과로 편성되었지요.

얼마 뒤, 비행 적성 검사가 끝나고 비행 훈련이 시작되었습니다.

조종간을 부드럽게 당기게.

으악!
부아앙
멍청아!
오늘 나를 여기서 죽일 셈이야?
죄, 죄송합니다!

으...,
정신이 하나도 없습니다.
벌써 포기한 건가?
일본에 폭탄을 퍼붓겠다는 건 그저 헛소리에 불과했나보군.
부웅
휙

아닙니다! 할 수 있습니다!
저는 반드시 비행사가 되어 일본에 폭탄을 퍼부을 겁니다!
부릉

그래, 할 수 있어.
그동안의 노력을
헛수고로 만들 수는 없어.
헉, 헉
바득, 바득

부우우-웅
그렇지! 잘하고 있네!
수평을 유지해!
까가!

후유~.
수고했네. 이대로만 계속하도록!
챡!
드르릉-

그리고 20시간의 비행 훈련을 마쳐야 얻을 수 있는 단독 비행의 기회를, 단 9시간 만에 얻어 냈습니다.

그날 밤, 권기옥은 안창호에게 단독 비행에 성공했다는 소식을 전하며, 독립을 향한 굳은 의지를 담아 편지를 썼습니다.

그러던 어느 날, 조선 청년 세 명이 권기옥을 찾아왔습니다.

저희는 비행사가 되기 위해 상하이에서 꼬박 석 달을 걸어왔습니다.
고생이 많았겠어요. 어려운 일이 있으면 저를 찾아오세요.

그중 가장 어린 청년이 유독 권기옥을 살갑게 따랐습니다. 권기옥은 그를 친동생처럼 보살펴 주었지요.
하하하

그러던 어느 날….
무슨 일 있어? 왜 갑자기 보자고 했어?
…제가 사정이 있는데 당분간 맡아 주실 수 있을까요?
아니…, 이건…!
두리번
두리번
덜컥

그날 밤

그 아이가 이걸 맡아 달라고 했는데…, 뭔가 수상해.

…이건 최신형 권총이야. 독립군에겐 이런 권총이 없어. 일본군에게나 있는 거지.

너에게 권총을 맡아 달라고 한 이유는 모르겠지만, 일본 쪽 첩자일 가능성도 있어.
설마….

사실이든 아니든 확인해 볼 필요는 있을 것 같아.
어떻게?

흠…, 외진 곳으로 유인해서 캐물어 보는 건 어때?
좋아, 해 볼게.

며칠 뒤
날씨도 좋은데 우리 야외로 놀러 갈까?
네! 좋아요!

하하, 설마 우리 공동묘지로 놀러 가는 건 아니죠?

지금이야!

타탁,
탁,
척,
척,

네놈의 정체가 뭐냐! 어서 말해라!
ㅎㅎㅎ, 내 정체가 궁금해? 한번 맞혀 봐!
이 자식이 정말!
휘익
척,
척,

퍽! 퍽,
퍽!

지금이라도 진실을 말해!
…나는 권기옥을 없애라는 일본 영사관의 지시를 받았다.

나를…, 죽이라고?

역시 일본 첩자였어. 살려 둘 수 없어.
뭐 하려고?
슥.

사, 살려 줘. 내가 잘못했어!
너를 살려 보낸다면 우리 동지들이 또 위험에 처하겠지. 이건 네놈이 자초한 결과다.
척

질끈

탕!
푸드덕
탕!

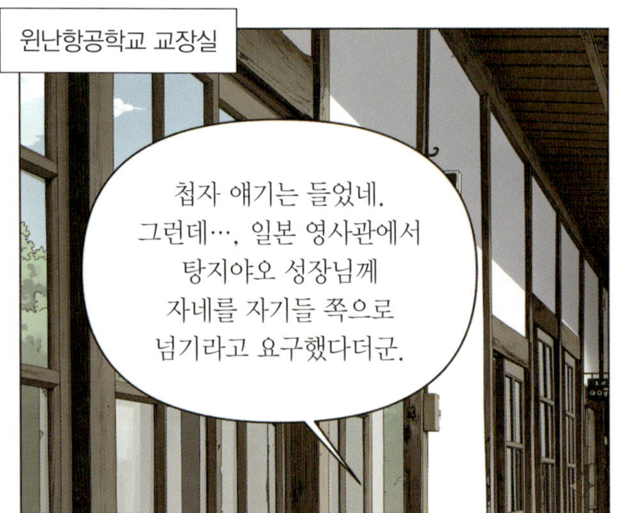
윈난항공학교 교장실
첩자 얘기는 들었네.
그런데…, 일본 영사관에서
탕지야오 성장님께
자네를 자기들 쪽으로
넘기라고 요구했다더군.

일단 성장님께서는 학교 안에
조선인은 단 한 명도 없다고
영사관에 전하셨네.

그랬더니 영사관 측에서
자네를 길거리에서 만나면
즉시 사살하겠다는 답이 왔어.
꿀꺽!

앞으로 자네는 학교를 벗어나지 말게.
학교를 벗어나면 우리는 자네의 목숨을 책임질 수 없어.
네, 알겠습니다.

그날 이후 권기옥은 일본의 위협을 피해 학교 안에서만 생활하며 비행 훈련도 새벽에만 해야 했습니다.

그리고 1925년 2월 28일, 권기옥은 윈난항공학교를 우수한 성적으로 졸업합니다.
권기옥, 졸업을 축하하네.
짝.
짝.
짝. 짝.
우리나라 최초의 여성 비행사가 탄생하는 순간이었습니다
이건 비행사의 증표가 아니라 조국을 향한 나의 약속의 증표야.
이제 조선의 하늘을 되찾으러 가자!

윈난항공학교에서의 생활

1923년 12월, 권기옥은 긴 여정 끝에 윈난항공학교에 입학했어요. 그녀는 반드시 비행사가 되어 조국의 독립을 위해 힘을 보태겠다고 다짐하며 누구보다 열심히 공부했지요. 그렇다면 윈난항공학교에서의 생활은 어땠을까요?

끝없는 노력으로 따라잡다

권기옥은 조선인 학생인 이영무, 이춘, 장지일과 함께 윈난항공학교 제1기생으로 입학했어요. 제1기생은 모두 39명이었는데, 대부분의 학생들은 이미 1년 먼저 학교에 들어와 조종과 정비 등에 대한 이론을 거의 배운 상태였지요. 어떻게 하면 이들을 따라잡을 수 있을지 고민하던 권기옥은, 성적이 가장 우수한 학생을 찾아가 공부를 가르쳐 달라고 부탁했어요. 그의 도움을 받으며 밤낮으로 노력한 끝에, 곧 수업을 따라갈 수 있게 되었지요.

권기옥이 입학한 지 얼마 지나지 않아 중국인 여학생 두 명이 더 들어왔어요. 하지만 이들은 비행 훈련이 시작되기도 전에 어려움을 이기지 못하고 학교를 떠났지요. 이를 통해 당시 여학생이 항공 학교 생활을 이어 가는 일이 얼마나 힘들었는지 짐작할 수 있어요.

학교에서는 유일하게 남은 여학생이 된 권기옥을 위해 따로 숙소를 마련해 주었고 여자 보조원도 붙여 주었어요. 권기옥은 끝까지 포기하지 않고 기초 체력 훈련은 물론, 정비 훈련, 비행 훈련까지 모든 과정을 우수한 성적으로 이수했답니다.

비행 훈련이 시작되다

윈난항공학교 학생들은 비행 훈련에 들어가기 전에 비행 적성 검사를 받았어요. 프랑스인 교관들은 자신이 조종하는 비행기에 학생들을 태우고 학생들이 비행에 적합한지 시험했어요. 그 결과 34명의 학생 가운데 권기옥을 포함한 19명만이 검사를 통과했지요. 통과하지 못한 학생들은 조종과 대신 기계과로 편성되었어요.

권기옥이 안창호에게 보낸 사진 ⓒ 도산안창호기념관

비행 적성 검사를 통과한 학생들은 비행 훈련을 시작했어요. 권기옥은 단 9시간 훈련을 받은 끝에 단독 비행을 허락받았어요. 대부분의 학생들이 20시간 훈련을 마친 뒤에야 단독 비행에 나서는 것과 비교하면, 그녀의 비행 실력이 얼마나 뛰어났는지 알 수 있지요. 권기옥은 첫 단독 비행을 성공적으로 마친 뒤, 안창호에게 편지와 사진을 보냈어요. 그 편지에는 무사히 하늘을 날았다는 기쁨과 함께 비행사가 되어 독립운동에 힘을 보태겠다는 굳은 다짐이 담겨 있었지요. 이후 권기옥은 비행사의 꿈을 이루기 위해 더욱 비행 훈련에 몰두했어요.

죽음의 위기를 맞다

권기옥이 윈난항공학교에 다니고 있다는 사실이 알려지자, 일본은 그녀를 체포하기 위해 혈안이 되었어요. 심지어 사람을 보내 암살하려는 시도까지 했지요. 1924년 가을, 일본 영사관에서 보낸 조선인 밀정이 권기옥을 죽이려 했어요. 권기옥은 조선인 학생들과 함께 그를 공동묘지로 유인해 정체를 밝혀냈고, 간신히 위기에서 벗어났지요. 암살 시도가 실패하자 일본은 권기옥을 넘겨 달라며 탕지야오 성장에게 공문을 보냈어요. 그러나 탕지야오는 윈난항공학교에는 조선인 학생이 없다며 이를 단호히 거절했지요. 일본 영

권기옥의 윈난항공학교 졸업장
© 숭의여자고등학교

사관은 길에서 권기옥을 만나면 그 자리에서 사살하겠다고 협박했어요. 결국 그녀는 안전을 위해 졸업할 때까지 학교 밖으로 나가지 못했고 비행기 훈련도 일본의 눈을 피해 새벽에만 해야 했어요.

한편, 비행 훈련 자체도 늘 위험을 안고 있었어요. 어느 날, 여러 대의 비행기가 대형을 이루어 나는 편대 비행 훈련이 예정되어 있었는데, 권기옥은 갑작스럽게 고열이 나 훈련에 참가하지 못했어요. 대신 다른 학생이 그녀가 타기로 했던 비행기에 올랐지요. 그런데 훈련 도중 비행기가 충돌해 폭발하는 사고가 일어났고, 이 사고로 네 명이 목숨을 잃었어요. 만약 아프지 않아 예정대로 훈련에 참가했다면, 권기옥 역시 목숨을 잃을 수도 있었어요. 이처럼 일본의 끈질긴 감시와 언제 닥칠지 모르는 위험 속에서도 권기옥은 끝까지 포기하지 않았고 마침내 1925년 2월 28일 윈난항공학교를 무사히 졸업했어요. 그렇게 그녀는 우리나라 최초의 여성 비행사가 되었답니다.

5 🌸 조국을 위한 비행

윈난항공학교를 졸업한 권기옥은 동기 이영무와 함께 상하이로 돌아왔습니다.

일본에 폭탄을 떨어뜨릴 테니 비행기를 구입해 주십시오.

이럴 수가…!
…그러고 싶지만 현실적으로 어렵네. 지금 임시정부는 비행기는커녕 건물 임대료도 내기 힘든 상황이야.
아아…

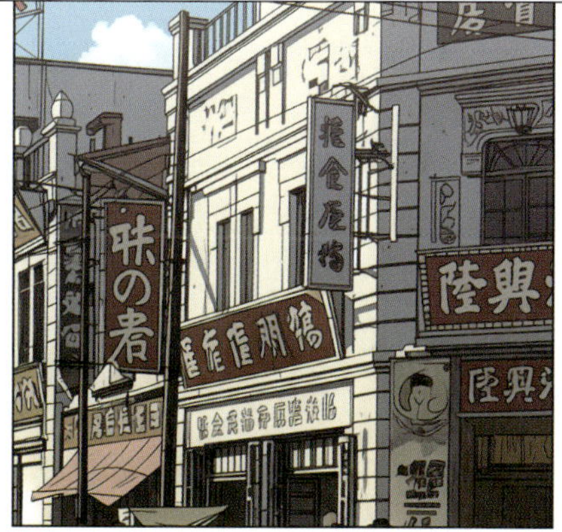

하지만 두 사람은 포기하지 않고 많은 독립운동가의 존경을 받고 있던 여운형을 찾아갔습니다.

선생님, 저희가 할 수 있는 일이 있을까요?
흠….

펑위샹 군에 들어가면 어떻겠나?
네? 그게 무슨….

당시 중국에서는 대표적인 군벌인 장쭤린과 펑위샹이 팽팽히 맞서고 있었습니다.
지금 장쭤린이 일본과 결탁해 우리 독립군을 체포해 일본에 넘기고 있소.
그래서 우리 독립군은 펑위샹과 연합해 장쭤린을 몰아내는 데 힘을 보태고 있지.

자네들도 그곳에 가서 힘이 되어 주었으면 좋겠소. 더구나 펑위샹 군에는 항공대도 있으니 자네들이 충분히 활약할 수 있을 걸세.
아…!

끄덕!

그러나 얼마 지나지 않아 펑위샹 군은 장쒀린에게 쫓겨 뿔뿔이 흩어지게 되었고, 권기옥은 기차를 타고 내몽골로 몸을 피했습니다.

내몽골에서의 생활은 매우 힘들었지만 권기옥은 함께 지내던 독립운동가 이상정과 서로 의지하며 독립에 대한 의지를 다졌습니다.

점차 가까워진 두 사람은 서로의 마음을 확인하고 부부가 되었습니다.

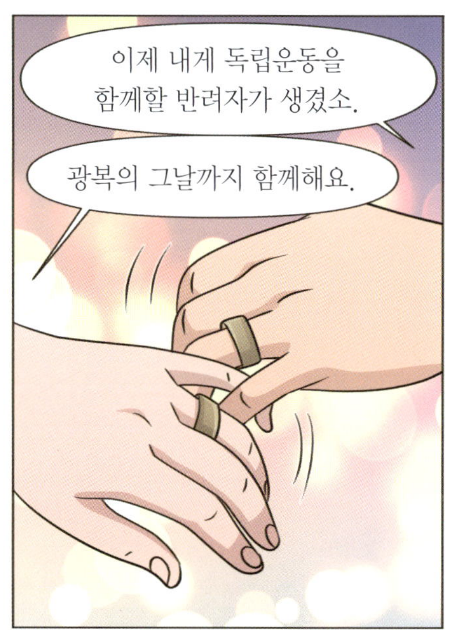

1927년 1월, 군벌들을 물리치고 중국을 하나로 모으려던 국민당 지도자 장제스가 상하이에 진입한다는 소식이 들리자, 두 사람은 상하이로 거처를 옮겼습니다.

얼마 지나지 않아 장제스는 상하이를 점령했고 그는 상하이에 임시정부를 세우고 공군을 만들었습니다.

저벅.
저벅.

슥.

권기옥은 공군에 들어가서 일본을 공격할 기회를 노렸습니다.

부아 아 앙-

그러던 1932년 1월, 일본이 상하이를 공격하면서 중국과 일본 사이에 큰 전투가 벌어졌습니다.
탕,
타, 탕,
탕,
드디어 일본군을
내 손으로 공격할 기회가 왔다!
저기다! 더 낮게,
더 낮게 날아야 해!
부아앙
투 투 투 투 투
저, 적기다! 피해!
퍽!
아악!
퍽!
아아악!
퍽!

…오늘은 여기서
물러나야겠군.

부
아
아
앙

콰
쾅

쾅
쾅!

적기가 떠나간다!

놓치지 말고
발사하라!

흔들

흔들

권기옥은 여러 차례 위험한 순간을 겪었지만 포기하지 않고 일본군을 향해 총알을 쏟아부었습니다. 전투는 중국과 일본이 정전 협정을 맺는 것으로 끝이 났고, 권기옥은 활약을 인정받아 중국으로부터 무공 훈장을 받았습니다.

그러던 어느 날, 장제스의 부인 쑹메이링이 권기옥을 불렀습니다.
당신이 이 비행을 맡아 줬으면 좋겠어요.
우리는 중국 청년들이 공군에 지원하도록 하기 위해 동남아시아를 거쳐 일본으로 가는 선전 비행을 기획하고 있어요.
일본이요?
깜짝

일본에 갈 수 있다고요?
네, 평화적인 선전 비행이니까요.
싱긋

그 순간 권기옥의 머릿속에는 자신이 비행기를 조종하며 일본에 폭탄을 떨어뜨리는 장면이 떠올랐습니다.

드디어 기회가 왔어…!
불끈,

네, 맡겨만 주세요. 최선을 다하겠습니다!

그렇게 무기한 연기된 선전 비행은 결국 취소되고 말았습니다.

선전 비행이 무산된 뒤, 권기옥은 명령에 따라 공군도서관으로 이동하게 되었습니다.

비행기 조종을 하게 해 달라는 요청이 또 거부됐어.

이유는 정확히 알 수 없지만…,
비행사로서의 권기옥은
이제 더 이상 필요가 없다는 뜻이겠지.

과연 내가 이곳에서
비행기 조종을 고집하는 게
옳은 일일까….

탁.

꺼벅
꺼벅.
끼이익.
10년간 1,300시간을 비행했지만
결국 조국의 하늘은 날지 못했구나….
부우우웅--

당시 중국의 시대적 상황

권기옥이 중국으로 망명한 1920년대에는 우리나라뿐 아니라 중국 역시 커다란 변화를 겪고 있었어요. 황제가 다스리던 나라에서 국민이 주인이 되는 나라로 바뀌는 과정 속에서, 각 지역에서는 군벌들이 다투었고 국민당과 공산당도 치열한 힘겨루기를 벌이고 있었지요. 그럼 당시 중국은 어떤 상황에 놓여 있었는지 함께 살펴볼까요?

중화민국의 탄생

중국은 아주 오래전부터 황제가 다스리는 나라였어요. 하지만 지배층의 횡포와 관리들의 부패로 백성들의 불만이 커졌고, 청나라 곳곳에서 반란이 일어났지요. 여기에 영국과 프랑스, 러시아 같은 강대국들까지 중국을 넘보면서 나라는 점점 더 어려워졌어요. 이런 상황 속에서 '쑨원'은 국민이 주인이 되는 새로운 나라를 만들기 위해 혁명 단체를 만들었어요. 곧 쑨원과 뜻을 함께하는 사람들이 혁명을 일으키기 위해 노력했지요.

몇 차례의 실패 끝에 드디어 남부 우창에서 봉기가 일어났어요. 이 봉기는 순식간에 전국으로 퍼져나갔고

혁명을 주도한 쑨원 ⓒ 위키피디아

여러 지역에서 청나라로부터 독립을 선언해요. 결국 청나라 정부가 무너지고 국민이 주인이 되는 '중화민국'이 세워졌어요. 이 사건을 '신해혁명'이라고 불러요. 이후 쑨원은 중화민국 임시정부의 임시 대총통이 되지요.

하지만 혁명은 순조롭지 않았어요. 혁명 세력의 힘이 아직 충분하지 않았기 때문에, 군사 실력자였던 위안스카이와 타협할 수밖에 없었어요. 결국 쑨원은 물러나고 위안스카이가 대총통이 되었지요. 위안스카이는 이후 독재 정치를 펼치며 황제가 되려고까지 했어요. 위안스카이가 병으로 죽은 뒤, 중국은 중앙 정부의 힘이 약해지면서 군벌들이 각 지역을 나누어 다스리는 혼란스러운 시대로 접어들었어요. 권기옥이 중국에 도착했을 때, 중국은 바로 이런 혼란 속에 놓여 있었어요.

국공합작과 중화인민공화국

위안스카이가 죽자 쑨원은 중국으로 돌아와 국민당을 중심으로 한 정치 활동을 펼쳤어요. 비슷한 시기에 노동자와 농민을 중심으로 한 정당인 공산당도 등장하면서, 중국은 국민당과 공산당이라는 두 세력으로 나뉘게 되었지요. 쑨원은 나라를 어지럽히는 군벌을 없애야 중국이 바로 설 수 있다고 생각했어요. 마침 공산당도 같은 생각을 하고 있었지요. 이에 두 세력은 함께 군벌을 물리치고 중국을 통일하기 위해 손을 잡았어요. 제1차 국공합작이 이뤄진 거예요. 처음에는 잘 진행되는 듯했지만 곧 문제가 생겼어요. 쑨원이 세상을 떠난 뒤, 정권을 잡은 장제스가 국공합작을 깨고 공산당을 공격하기 시작한 거예요. 국민당과 공산당은 서로 적이 되었지요.

중화인민공화국을 세운 마오쩌둥
© 위키피디아

그런데 중국에는 더 큰 위기가 닥쳤어요. 바로 일본의 침략이었어요. 일본은 만주와 상하이를 침략한 데 이어, 1937년에는 중일전쟁을 일으켜 중국 전역을 위협했어요. 이로 인해 나라 안에서는 중국인끼리 싸우지 말고 일본과 맞서야 한다는 목소리가 커졌지요. 1936년, 장쉐량이 장제스를 감금하고 내전을 멈추고 일본과 싸울 것을 요구한 시안사건이 일어났어요. 이를 계기로 국민당과 공산당은 다시 힘을 합치는 제2차 국공합작을 시작했지요.

1945년 8월, 일본이 항복하면서 8년간 이어진 중일전쟁은 끝이 났어요. 하지만 일본이 물러나자 국민당과 공산당의 협력도 곧 깨졌어요. 두 세력은 다시 전쟁을 벌였고, 결국 국민당이 패배해 대만으로 물러났지요. 그리고 1949년 10월, 마오쩌둥이 '중화인민공화국'을 세우면서 오늘날의 중국이 탄생했답니다.

6 🌸 새 나라를 위해

1937년 7월, 아시아를 지배하고자 했던 일본은 결국 중국을 침략하며 중일전쟁을 일으켰습니다.

으아아
탕,
탕,
탕,
탕,

권기옥은 이상정과 함께 난징을 거쳐 우한으로, 다시 쿤밍으로 몸을 피했습니다.

휘
ㅇㅇ
ㅇ

그러던 중 이상정은 일본과 중국 두 나라의 사정에 모두 밝다는 점을 인정받아 충칭의 육군참모학교 교관이 되었습니다.

그리고 권기옥 역시 얼마 가지 않아 교관으로 임명되어 학생들에게 영어, 일본어 등을 가르쳤습니다.

또 임시정부의 일을 돕고, 여성 독립운동 단체를 하나로 모으는 데 힘을 보태며 독립을 위해 온 힘을 기울였습니다.

그러던 1943년 6월, 중국 공군에서 활동하고 있던 최용덕이 권기옥을 찾아왔습니다.

드디어 우리 임시정부가 비행대를 만들기로 협의했습니다!
비행대라면…, 공군을 만든다는 말이에요?
깜짝,

아직 임시정부의 사정이 좋지 않아 당장 공군을 만들 수는 없지만, 지금부터 하나씩 준비해 나가자는 겁니다.
머쓱

그래요, 하나씩 준비해 나가다 보면 이뤄낼 수 있겠죠.

기옥 동지가 함께해 주셨으면 합니다. 어떻습니까?
물론이죠!

드디어 우리나라에도 공군이 생기는구나!
화악

그러던 중 제2차 세계대전이 계속되자 미국을 중심으로 한 연합군은 임시정부와 함께 한반도에 특수 대원을 보내 일본의 주요 기관을 폭파하는 계획을 세웠습니다.

특수 대원을 침투시키는 데에는 잠수함과 비행기가 이용될 예정이었고, 임시정부 비행대는 이때 비행기 조종을 맡기로 합니다.

그렇게 시간이 흐르고, 연합 작전을 준비하면서 어느새 공군설계위원회에서도 비행대 편성을 위한 계획안이 완성되었습니다.

1945년 8월 15일

일본의 전세가 갈수록 불리해지는군.
후유.

무슨 고민 있소?
연합 작전을 빨리 실행하고 싶은데 승인 소식이 없네요.

그러게 말이오.
조금만 더 기다려 봅시다.
네….

짐은 깊이 세계의 형세와 제국의 현상에 비추어 보아
특단의 조치로써 시국을 수습하려고 하여….
아니, 일왕이잖아?
무슨 내용일까요?
멈짓

전쟁에서 점점 불리해지던 일본은 미국이 히로시마와 나가사키에 원자 폭탄을 떨어뜨리자, 결국 연합군에 항복했습니다. 그 결과 우리나라는 일본의 지배에서 벗어나 해방을 맞이하게 되었지요.

멈칫.
아아….
훌쩍.

왜 그러오.
너무 기뻐서 그러오?

네, 너무 기뻐요.
하지만…, 한편으로는
아쉬운 마음도 드네요.
뭐가 그리 아쉽소?

일본이 항복하기 전에
우리 비행대가 나설 수 있었다면….
연합 작전을 할 수 있었다면….

그랬다면 우리 손으로 일본을 무릎 꿇리고
당당히 독립을 이룰 수 있었을 거예요.

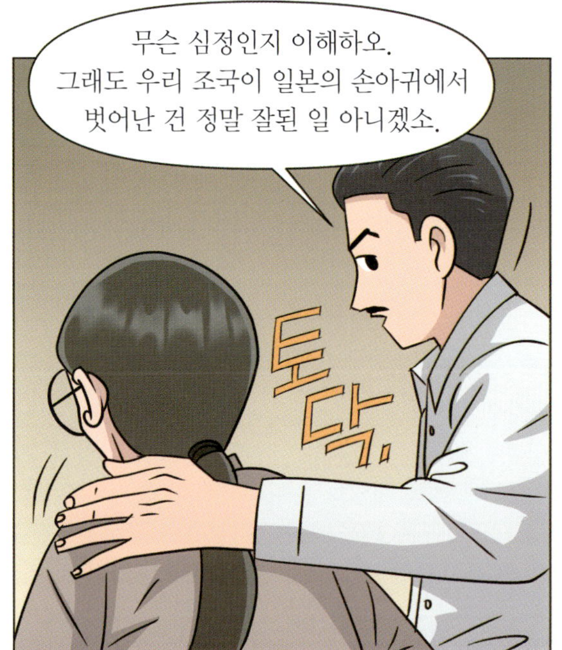

무슨 심정인지 이해하오.
그래도 우리 조국이 일본의 손아귀에서
벗어난 건 정말 잘된 일 아니겠소.
토닥.

이미 일어난 일보다
앞으로의 일에 집중합시다.
당신 말이 맞아요.
앞으로의 일….

35년이 넘는
비극을 되풀이하지 않으려면
지금부터가 정말 중요해.
새로운 나라를 만드는 일,
이제부터가 진짜 시작이야!

8·15 광복과 그 후의 이야기

1945년 8월 15일, 우리나라는 일본으로부터 마침내 해방되었어요. 하지만 기쁨도 잠시, 강대국들의 이해관계 속에서 우리 민족은 곧 새로운 시련을 맞이하게 되었지요. 그렇다면 광복 이후 한반도에서는 어떤 일들이 벌어졌을까요?

8·15 광복과 대한민국 정부의 수립

제2차 세계대전 중, 미국이 일본에 원자 폭탄을 떨어뜨리자, 일본은 연합국에 항복을 선언했어요. 이렇게 제2차 세계대전이 연합국의 승리로 끝나며, 우리나라는 일본의 식민 지배에서 벗어나 광복을 맞이하게 되었어요. 사람들은 거리로 나와 태극기를 흔들며 광복의 기쁨을 맘껏 누렸지요. 하지만 광복 이후에도 한반도의 상황은 여전히 불안했어요. 미국과 소련이 일본군을

광복을 맞아 환호하는 사람들 © 위키피디아

무장 해제한다는 명분으로 한반도를 가로지르는 북위 38도선을 경계로 남쪽과 북쪽을 각각 관리하기 시작한 거예요. 그러던 1945년 12월, 제2차 세계대전 이후의 문제를 논의하기 위해 영국과 미국, 소련 대표들이 모스크바에 모였어요. 이를 '모스크바삼상회의'라고 해요. 이 회의에서 미국과 소련은 한반도에 공동위원회를 설치하고, 임시정부를 세우기로 합의했어요. 또한 최대 5년 동안 미국과 영국, 소련, 중국 네 나라가 우리나라를 신탁통치하기로 결정했지요. 신탁통치란, 스스로 나라를 다스리기 어려운 곳을 다른 나라가 대신 관리하는 것을 말해요.

이 소식이 전해지자, 우리나라는 다시 큰 혼란에 빠졌어요. 오랜 식민 지배에서 벗어난 지 얼마 되지 않았는데, 또다시 다른 나라의 관리를 받게 된다는 사실을 받아들이기 어려웠기 때문이에요.

한편 우리나라의 정부 수립 문제를 해결하기 위해 1946년 3월에 미소공동위원회를 열었어요. 그러나 미국과 소련은 의견 차이를 좁히지 못했고, 결국 회의는 실패로 끝났지요.

이후 한반도의 정부 수립 문제는 국제연합으로 넘어갔어요. 국제연합은 남북한이 함께 총 선거를 치러 하나의 정부를 세우자고 제안했지만, 소련과 북한은 이를 거부했어요. 그 결과 남한에서만 총선거가 실시되었고, 1948년 8월 15일, 대한민국 정부가 수립되었어요. 북한에서도 같은 해 조선민주주의인민공화국이 세워지면서, 한반도는 결국 남과 북으로 완전히 갈라지게 되었답니다.

광복 이후 권기옥의 활약

광복 이후, 권기옥은 1948년 12월, 약 20년 만에 고국으로 돌아왔어요. 귀국한 뒤에는 국방위원회 전문 위원으로 활동하며 대한민국 공군을 창설하는 데 힘을 보탰지요. 비행사로서 오랫동안 쌓아 온 경험과 지식을 바탕으로, 새 나라의 공군을 세우는 데 중요한 역할을 했어요.

한편 권기옥은 나라가 바로 서기 위해서는 올바른 역사 기록이 필요하다고

국방위원회 전문 위원 시절의 권기옥 ⓒ 권기옥기념사업회

생각했어요. 그래서 1957년부터 약 16년 동안 《한국연감》을 발행하며, 해마다 우리나라에서 일어난 중요한 일들을 꼼꼼히 정리해 기록으로 남겼지요. 이처럼 권기옥은 우리나라 최초의 여성 비행사였을 뿐만 아니라, 우리나라 최초의 여성 출판인으로서도 큰 발자취를 남겼어요.

그녀의 헌신은 여기서 멈추지 않았어요. 말년에는 전 재산을 처분해 어려운 학생들에게 장학금을 주었고, 자신이 살던 2층 목조 건물까지 장학 기금으로 남기고자 했지요. 나라를 위해 살아온 마음을, 다음 세대를 위한 나눔으로 이어 간 거예요.

정부는 이러한 공훈을 기려 1968년에 대통령 표창을, 1977년에는 건국 훈장 독립장(국민장)을 수여했어요. 평생을 나라를 위해 바친 권기옥은 1988년 4월 19일, 87세의 나이로 세상을 떠났어요. 하지만 그녀가 보여 준 용기와 희생은 오늘날까지도 우리 마음속에 깊이 남아 있답니다.

광복 후, 권기옥은 중국에 잠시 더 머무르며, 타지에서 어려움을 겪는 동포들을 위해 도움의 손길을 내밀었습니다.

그리고 1948년 12월, 마침내 긴 망명 생활을 모두 정리하고 대한민국으로 귀국합니다.
고 려
KOREA
뿌우우-우-

다시 조국의 땅을 밟는 날이 오다니, 정말 꿈만 같구나!

기옥아!
언니!

귀국 후 권기옥은 비행사로서의 전문성을 인정받아 국방위원회 전문 위원으로 임명되어 대한민국에 공군이 만들어지도록 도왔습니다. 그리고 마침내 1949년 10월 1일, 대한민국 공군이 창설되었습니다.

부앙
그렁
드디어 대한민국의 하늘이
우리의 비행을 허락하는구나.

누님!
영무야!

살아 있으니 이런 날이 오는군요.
부앙
그러게 말이야.

그동안의 노력이 헛되지 않았어.

조국의 광복을 위해 하늘을 날았던 권기옥. 그녀는 광복 이후에도 조국과 우리나라의 항공의 미래를 위해 발걸음을 멈추지 않았습니다. 그리고 말년에는 전 재산을 장학금으로 기부하며 미래 세대를 위한 길을 열었습니다. 1988년 4월, 평생 조국을 위해 헌신한 그녀는 조용히 눈을 감았지만, 그 뜻은 지금까지도 우리 곁에 살아 있습니다.

국립항공박물관

항공기 터빈을 닮은 박물관 외관 © 국립항공박물관

국립항공박물관은 우리나라 최초의 항공 분야 국립 박물관으로, 2020년 7월에 김포공항 부지 안에 문을 열었어요. 임시정부가 윌로우스한인비행학교를 세운 지 100주년을 기념해 개관한 이곳은, 우리나라 항공의 역사와 미래를 한눈에 살펴볼 수 있는 특별한 공간이랍니다. 무엇보다 권기옥을 비롯해, 그동안 잘 알려지지 않았던 항공 독립운동가들의 이야기를 만날 수 있어 더욱 뜻깊어요.

1층 항공 역사관에서는 세계의 항공 역사와 우리나라의 항공 역사를 소개하고 있어요. 이곳에서는 인류 최초로 동력 비행에 성공한 '라이트 형제'의 비행기부터, 우리나라 최초의 민항기와 우리나라 공군 최초의 전투기까지 다양한 전시물을 관람할 수 있어요. 특히 60여 명의 항공 독립운동가들을 소개하는 전시가 인상적인데요. 독립운동가의 이름이 적힌 서랍을 하나씩 열어 보면, 각 인물의 삶과 활동을 자세히 살펴볼 수 있답니다. 권기옥의 서랍에서는 3·1운동에 참여한 이야기부터 중국으로 망명해 비행사가 되기까지의 험난한 과정, 그리고 광복 이후 '공군의 어머니'로 활약한 모습까지 만나 볼 수 있어요.

2층 항공 산업관에서는 우리나라의 항공 산업의 현재와 미래를 살펴볼 수 있어요. 또 1층과 2층을 잇는 에어워크를 따라 올라가다 보면, 천장에 매달린 비행기 사이를 지나가게 되는데, 마치 하늘 위를 걷는 듯한 특별한 경험을 할 수 있답니다.

항공 독립운동가들의 이야기가 담긴 서랍 ⓒ 국립항공박물관

1층과 2층을 잇는 에어워크 ⓒ 국립항공박물관

3층 항공 생활관에서는 항공 기술이 우리의 생활을 어떻게 바꾸어 갈지 엿볼 수 있어요. 자율 비행 드론, 전기 동력 항공기, 장거리 비행 무인 항공기 등 미래 항공 기술과 관련한 다양한 전시물도 만나 볼 수 있지요.

박물관 건물 밖 야외 전시장에도 꼭 살펴봐야 할 전시가 있어요. 바로 항공 독립운동가들의 동상이에요. 한쪽에는 윌로우스한인비행학교에서 사용된 훈련기와 학생 비행사의 모습을 재현한 조형물, 그리고 노백린과 항공 독립운동가 여섯 명의 모습을 담은 조형물이 전시되어 있어요. 또 다른 편에는 우리나라 최초로 하늘을 난 안창남의 동상과, 우리나라 최초의 여성 비행사 권기옥의 동상도 세워져 있답니다.

국립항공박물관을 방문해, 조국의 독립을 위해 하늘로 날아올랐던 항공 독립운동가들의 발자취를 따라가 보는 건 어떨까요?

야외 전시장에 설치된 권기옥 동상
ⓒ 국립항공박물관

한국사 연표

선사 시대 및 연맹 왕국
삼국 시대
남북국 시대

약 70만 년 전
약 1만 년 전
BC 2000년경
BC 400년경
0
100
200
300
400
500
600

구석기 시대
신석기 시대
청동기 시대
철기 시대

BC 200년경~494
부여

BC 200~300년경
동예

BC 200~56
옥저

BC 37~668
고구려
주몽 (고구려)

BC 18~660
백제
온조 (백제)

BC 2333~BC 108
고조선
단군 (고조선)

BC 57~935
신라
박혁거세 (신라)

676
삼국 통일

42~562
가야

*BC : 기원전

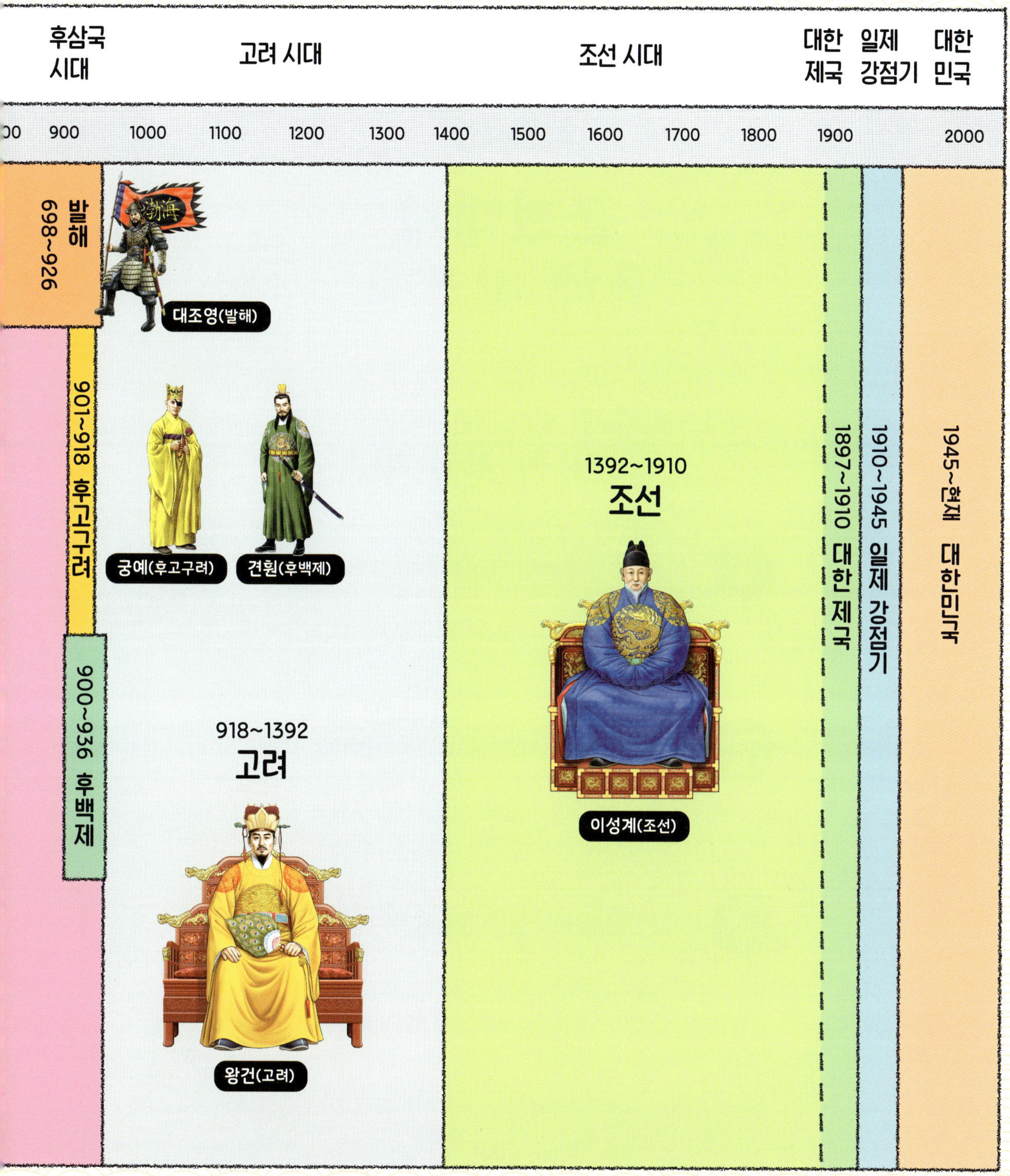

| 후삼국 시대 | 고려 시대 | 조선 시대 | 대한 제국 | 일제 강점기 | 대한 민국 |

00 900 1000 1100 1200 1300 1400 1500 1600 1700 1800 1900 2000

발해
698~926

대조영(발해)

901~918 후고구려

900~936 후백제

궁예(후고구려)

견훤(후백제)

918~1392
고려

왕건(고려)

1392~1910
조선

이성계(조선)

1897~1910 대한 제국

1910~1945 일제 강점기

1945~왔음 대한민국

하루 한 장 **한국사**와 **국어** 실력 쌓기
만화로 만난 인물을 **독해**로 만나다!

who?

근현대사
독해 워크북

역사의 이해도를 넓히고 문해력을 키워 주는
근현대사 독해 워크북 특징!

1 **하루 15분 꾸준한 독해 활동을 도와줍니다.**

매일 1장씩 7일 동안 학습하면 성취감이 올라가고
자기 주도 학습 능력을 키울 수 있습니다.

2 **한국사 인물을 글과 문제로 깊이 이해합니다.**

만화로 알게 된 인물에 더욱 공감할 수 있고
역사적인 사실을 더 자세히 알 수 있습니다.

3 **다양한 형식의 글을 경험할 수 있습니다.**

일기, 편지, 강연록, 뉴스, 신문 사설, 광고문 등을 통해
문해력은 물론 국어의 모든 영역이 발달합니다.

권
기
옥

하늘을 나는 꿈

오늘 미국 비행사 아트 스미스의 곡예 비행을 보았다.

어디선가 엔진 소리가 들리더니, 얼마 지나지 않아 빨간 비행기 한 대가 하늘 높이 떠올랐다. 비행기는 구름 사이를 날다가 빙글빙글 원을 그리더니, 갑자기 아래로 떨어졌다가 다시 힘차게 솟아올랐다. 마치 새가 된 것처럼 자유로워 보였다. 저 비행기를 조종하는 사람은 얼마나 행복할까. 하늘을 마음대로 날 수 있다니.

그런데 그 장면을 바라보다가 문득 이런 생각이 들었다. 저 하늘은 분명 우리 조선의 하늘인데, 왜 우리는 저 하늘을 마음대로 날지 못할까? 우리 땅에서 우리가 주인 행세를 하지 못하는 이 현실이 너무나 분하다.

만약 내가 저렇게 비행기를 조종할 수 있다면 어떨까? 비행기에 폭탄을 싣고 날아가 조선총독부를 폭파할 수도 있지 않을까? 더 멀리, 일본 황궁까지 날아갈 수도 있지 않을까?

그런데 여자도 비행사가 될 수 있을까? 사람들은 여자는 집에서 집안일이나 해야 한다고 말한다. 여자가 비행기를 조종한다는 것은 상상도 할 수 없는 일이라 할 것이다. 하지만 내가 여자라는 이유로 꿈을 포기하는 게 맞는 걸까? 여자도 비행기를 조종할 수 있지 않을까?

그래, 나는 비행사가 될 것이다. 여자라서 안 된다는 말도, 위험하다는 말도 나를 막을 수는 없다. 언젠가 하늘에서 조선의 독립을 위해 싸울 그날을 꿈꾸며, 끊임없이 공부하고 준비할 것이다.

조선의 하늘을 되찾을 때까지!

1 다음 중 일기의 내용과 다른 것을 고르세요.

① 권기옥은 아트 스미스의 곡예 비행을 보았어요.

② 권기옥은 곡예 비행을 보고 비행사가 되기로 결심했어요.

③ 권기옥은 현재 항공 학교에 다니며 비행 훈련을 받고 있어요.

④ 권기옥은 여자도 비행사가 될 수 있다고 생각했어요.

2 권기옥이 비행사가 되고 싶어 한 가장 큰 이유는 무엇일까요?

① 돈을 많이 벌고 싶어서

② 유명한 사람이 되고 싶어서

③ 부모님의 바람을 이루기 위해서

④ 조국의 독립을 위해 싸우고 싶어서

3 다음 문장을 읽고, 괄호에 들어갈 알맞은 말을 써 보세요.

"만약 내가 저렇게 비행기를 조종할 수 있다면 어떨까? 비행기에 폭탄을 싣고 날아가 (   ) 를 폭파할 수도 있지 않을까? 더 멀리, 일본 황궁까지 날아갈 수도 있지 않을까?

4 일기에 드러난 권기옥의 감정을 순서대로 나열해 보세요.

① 비행사가 되겠다는 결심

② 비행기를 본 신기함과 감탄

③ 나라를 빼앗긴 분함

④ 여자는 비행사가 될 수 없다는 사회적 시선에 대한 고민

□ → □ → □ → □

송죽회 회원 모집 안내

- **모집 인원:** 0명
- **모집 기간:** 상시
- **지원 자격:** 조국의 독립을 위해 •헌신할 의지가 있는 여학생이라면 누구나
- **문의:** 숭의여학교 박현숙 선생님

조국의 독립을 위해 싸우고 싶다면 송죽회로 오세요.

송죽회는 숭의여학교 교사와 학생들이 조직한 비밀 독립운동 단체로, 소나무와 대나무처럼 굳은 •절개를 지키겠다는 뜻을 담아 일본과 맞서 싸우고 있습니다.

송죽회는 말뿐이 아닌 실질적인 독립운동 활동에 힘쓰고 있습니다. 독립운동 자금을 모으고, 국외에서 활동하는 독립운동가의 가족을 돕고, 민족 의식을 기르기 위해 토론회와 역사 강좌를 열고 있습니다.

송죽회는 독립을 위해 희생할 준비가 되어 있는 학생이라면 누구든지 환영합니다. 다만 모든 활동은 철저한 비밀 속에 이루어지며, 일본 경찰에 발각될 경우 체포와 고문의 위험이 있음을 각오해야 합니다.

조국의 광복을 함께 이루어 갑시다.

1 송죽회에 대한 설명으로 알맞은 것을 고르세요.

① 남학생만 가입할 수 있는 독립운동 단체예요.

② 숭의여학교 교사와 학생들이 조직한 독립운동 단체예요.

③ 중국에서 만들어진 무장 독립운동 단체예요.

④ 일본 정부의 허가를 받아 만든 단체예요.

2 송죽회의 이름에 담긴 의미로 알맞은 것을 고르세요.

① 중국 송나라를 기린다는 의미예요.

② 숭의여학교를 대표하는 나무 이름을 따서 만들었어요.

③ 평양의 유명한 소나무 숲 이름이에요.

④ 소나무와 대나무처럼 굳은 절개를 지키겠다는 뜻이에요.

3 송죽회 활동이 아닌 것을 고르세요.

① 일본 경찰을 도와요.   ② 독립운동 자금을 모금해요.

③ 독립운동가의 가족을 도와요.   ④ 토론회와 역사 강좌를 열어요.

4 다음 문장을 읽고 옳은 설명에는 O, 틀린 설명에는 X 하세요.

- 송죽회 활동은 비밀 속에서 이루어져요.   (   )
- 일본 경찰에 발각되면 송죽회를 탈퇴해야 해요.   (   )

✏️ 낱말 풀이

- **헌신** 몸과 마음을 바쳐 있는 힘을 다함
- **절개** 신념을 굽히지 않고 굳게 지키는 꿋꿋한 태도

대한 독립 만세, 전국에 울려 퍼지다

지난 3월 1일, 우리 민족은 일본의 식민 지배에 맞서 전국적인 만세 운동을 일으켰다. 이날 오후 2시, 민족 대표들은 서울 태화관에 모여 독립 선언서를 낭독하고 조선의 독립을 선언했다. 같은 시각, 탑골 공원에 모여 있던 학생들과 시민들 또한 독립 선언서를 낭독하고 "대한 독립 만세"를 외치며 거리로 나섰다. 시위대는 시내를 행진하며 만세 시위를 이어 나갔고, 이러한 움직임은 곧 전국 각지로 빠르게 확산되기 시작했다.

이번 만세 운동의 배경에는 변화한 국제 •정세에 대한 기대와 우리 민족의 깊은 분노가 자리하고 있었다. 제1차 세계대전이 끝날 무렵, 미국 윌슨 대통령이 민족자결주의를 주창하면서 사회 전반에 독립에 대한 희망이 퍼지기 시작했다. 이어 1월 21일 고종 황제가 갑작스럽게 •승하하자, 일본에 의한 독살설이 퍼지며 민심은 크게 동요했다. 이러한 상황 속에서 2월 8일 일본에서 한국인 유학생들이 독립 선언서를 발표하자, 종교계 인사들과 학생들을 중심으로 독립운동 준비가 본격화된 것이다.

한편 일본은 곧바로 군대와 경찰을 동원해 전국 각지에 배치했다. 일본군과 경찰은 시위에 나선 시민들을 무력으로 진압했고, 그 과정에서 많은 희생자가 발생했다.

3·1운동은 비록 일본의 탄압으로 독립으로 이어지진 못했지만, 우리 민족의 강한 독립 의지를 전 세계에 알리는 계기가 되었고, 임시정부의 수립으로 이어지며 독립운동의 새로운 전환점을 마련한 사건으로 평가된다.

1 3·1운동이 일어나게 된 배경이 아닌 것을 고르세요.

① 일본이 고종 황제를 독살했다는 소문이 퍼졌어요.

② 중국이 3·1운동을 지원하겠다고 나섰어요.

③ 일본에서 한국인 유학생들이 독립 선언서를 발표했어요.

④ 미국의 윌슨 대통령이 민족자결주의를 주창했어요.

2 다음 일들이 일어난 순서대로 번호를 써 보세요.

① 만세 시위가 전국적으로 퍼져 나갔어요.

② 탑골 공원에서 만세 시위가 시작됐어요.

③ 고종 황제가 세상을 떠났어요.

$$\boxed{\quad \rightarrow \quad \rightarrow \quad}$$

3 다음 문장을 읽고, 괄호에 들어갈 알맞은 말을 써 보세요.

3·1운동은 비록 일본의 탄압으로 독립으로 이어지진 못했지만, (   )가 수립되는 계기가 되었어요.

4 다음 문장을 읽고, 괄호 안에서 알맞은 말을 골라 O 하세요.

3·1운동은 1919년 3월 1일에 시작된 (침묵 / 만세) 시위예요. 남녀노소와 계층을 가리지 않은 이 시위는 (금세 수그러들었어요. / 전국적으로 확산되었어요.)

✏️ **낱말 풀이**

● **정세** 정치적인 상황이나 흐름
● **승하** 존귀한 사람이 세상을 떠난 것을 높이 이르는 말

　일제의 총칼에 맞서 대한 독립 만세를 외치며, 수많은 독립운동가들이 목숨을 바친 지도 여러 날이 지났습니다. 그 숭고한 희생을 바탕으로, 우리는 마침내 상하이에 임시정부를 수립할 수 있었습니다. 이제 임시정부의 기틀을 어느 정도 갖춘 지금, 우리 앞에는 또 하나의 중요한 과제가 놓여 있습니다. 바로 독립운동을 지속하기 위한 자금 마련입니다. 이를 위해 저는 오늘 이 자리에 모인 여러분께 독립 공채를 구매해 주실 것을 간곡히 부탁드리고자 합니다.

　독립 공채란 임시정부가 발행하는 •채권으로, 여러분께서 임시정부에 돈을 빌려주시면 조국이 광복된 뒤 정식 정부가 •원금과 •이자를 함께 되돌려 드리는 제도입니다. 그렇다면 우리는 왜 독립 공채를 구매해야 할까요?

　첫째, 독립운동을 이어 가기 위해서는 막대한 자금이 필요하기 때문입니다. 독립군을 기르고, 독립운동 조직을 운영하고, 독립운동가들의 생계를 유지하는 데 여러분의 도움이 절실합니다. 둘째, 여러분이 구매한 공채는 우리 민족의 독립 의지를 세계에 알리는 외교 활동에 사용될 것입니다. 이는 일본의 침략을 국제 사회에 알리고, 독립에 대한 지지를 얻기 위한 중요한 밑거름이 됩니다. 셋째, 공채 구매는 광복 후 여러분의 재산을 되찾는 방법이기도 합니다. 독립된 조국의 정부가 책임지고 원금과 이자를 보장하니, 재산을 지키면서도 나라를 되찾는 일석이조의 효과를 거둘 수 있습니다.

　작은 개울이 모여 큰 강을 이루듯, 여러분 한 사람 한 사람의 정성이 모여 조국의 독립을 이룰 것입니다. 독립 공채를 구매하여, 여러분의 굳은 독립 의지를 보여 주시기 바랍니다.

　감사합니다.

1 다음 중 이 연설문의 목적으로 가장 알맞은 것을 고르세요.

① 임시정부 대원을 모집하기 위해

② 일본의 침략을 비판하기 위해

③ 독립 공채의 의미와 필요성을 알리고 구매를 호소하기 위해

④ 독립운동가들의 생활을 소개하기 위해

2 독립 공채의 의미로 알맞은 것을 고르세요.

① 국민들이 임시정부에 무상으로 기부하는 돈

② 임시정부가 발행해 광복 후 이자와 함께 원금을 돌려주는 채권

③ 임시정부가 국민들에게 부과하는 세금

④ 임시정부가 외국 정부에서 빌려 오는 돈

3 독립 공채를 구매해야 하는 이유로 알맞지 않은 것을 고르세요.

① 독립운동을 지속하기 위한 자금을 마련하기 위해

② 독립 의지를 세계에 알리는 외교 활동에 사용하기 위해

③ 재산을 지키고 나라를 되찾는 방법이 될 수 있기 때문에

④ 일본에게 재정적으로 도움이 되기 때문에

✏️ 낱말 풀이

- **채권** 국가나 단체가 돈을 빌리기 위해 발행하고, 나중에 돌려주기로 한 증서
- **원금** 꾸어 주거나 맡긴 돈에 이자를 붙이지 아니한 돈
- **이자** 남에게 돈을 빌려 쓴 대가로 주는 일정한 비율의 돈

존경하는 도산 안창호 선생님께

선생님, 안녕하십니까?

멀리 중국 윈난에서 기옥이 편지 올립니다. 하늘에서의 싸움이 조국의 독립을 좌우할 수 있다는 선생님의 말씀을 떠올리며, 오늘도 조국 독립을 위해 마음을 다 잡고 훈련에 임하고 있습니다.

오늘은 선생님께 꼭 전하고 싶은 기쁜 소식이 있어 이렇게 펜을 들었습니다. 바로 오늘, 윈난항공학교에서 첫 단독 비행에 성공했습니다. 처음 하늘로 날아오르던 순간의 벅찬 마음을 어찌 글로 다 표현할 수 있겠습니까. 구름 위를 날며, 언젠가 반드시 조국의 하늘을 되찾을 그날을 마음속에 그려 보았습니다.

비행 훈련을 받는 동안 어려움도 적지 않았습니다. 그러나 선생님께서 늘 가르쳐 주신 •무실역행의 정신을 마음에 새기고, 묵묵히 훈련에 임해 왔습니다. 그 가르침이 있었기에 오늘 이 순간을 맞이할 수 있었다고 생각합니다.

선생님, 이제 저는 확신합니다. 하늘에서도 조국을 지킬 수 있다는 것을 말입니다. 앞으로 더욱 비행 기술을 연마하여 조국 광복에 조금이나마 힘을 보태고자 합니다. 이 모든 일은 결코 저 혼자만의 힘으로 이룬 것이 아닙니다. 함께 훈련받는 동료들, 그리고 멀리서 응원해 주시는 선생님과 동포들이 있었기에 가능했습니다. 나라를 잃은 설움 속에서도 우리가 서로 힘을 모은다면, 반드시 독립을 이룰 수 있으리라 믿습니다. 부디 늘 건강하시고, 독립의 그날까지 저희를 이끌어 주시기를 간절히 바랍니다. 먼 훗날 자유로운 조국의 하늘을 함께 날 수 있기를 소망하며, 이만 줄입니다.

1 누가 누구에게 보내는 편지인지 알맞은 것을 고르세요.

① 안창호가 권기옥에게 보내는 편지예요.

② 안창호가 임시정부에 보내는 편지예요.

③ 권기옥이 부모님께 보내는 편지예요.

④ 권기옥이 안창호에게 보내는 편지예요.

2 편지에서 전하는 기쁜 소식은 무엇인지 고르세요.

① 권기옥이 첫 단독 비행에 성공했다는 소식

② 권기옥이 윈난항공학교에 입학했다는 소식

③ 권기옥이 윈난항공학교를 졸업했다는 소식

④ 안창호가 임시정부의 이름으로 비행기를 구입했다는 소식

3 편지의 내용과 일치하지 않는 것을 고르세요.

① 권기옥은 비행 훈련을 받으며 여러 어려움을 겪었어요.

② 안창호는 하늘에서의 싸움이 독립에 중요하지 않다고 말했어요.

③ 권기옥은 안창호의 응원 덕분에 단독 비행에 성공했다고 했어요.

④ 권기옥은 비행 기술을 연마해 조국 광복에 힘을 보태고자 했어요.

4 아래 나온 단어의 뜻으로 알맞은 것을 골라 선으로 연결해 보세요.

① 동포 •　　　　• ㉠ 조상 때부터 대대로 살던 나라

② 조국 •　　　　• ㉡ 같은 민족이나 같은 나라 사람을 정겹게 이르는 말

낱말 풀이

● **무실역행** 참되고 실속 있도록 힘써 실행함

우리나라 최초 여성 비행사, 권기옥 선생 별세

우리나라 최초의 여성 비행사이자, 독립운동가인 권기옥 선생이 어제인 1988년 4월 19일 오전, 보훈병원에서 별세했습니다.

권 선생은 1901년 평양에서 태어나, 일제강점기인 1920년 중국 상하이로 망명한 뒤 본격적인 독립운동에 뛰어들었습니다. 1923년에는 중국 윈난항공학교에 입학해, 우리나라 최초의 여성 비행사가 되었으며 이후 동양에서도 손꼽히는 여성 조종사로 활동했습니다.

당시 여성의 항공 교육이 극히 드물었던 시절, 권 선생은 하늘에서 조국을 되찾겠다는 굳은 의지로 혹독한 비행 훈련을 견뎌 냈습니다. 졸업 후에는 중국 공군에서 항공 관련 임무를 수행했고 임시정부를 지원하며 독립운동을 이어 갔습니다.

광복 후인 1948년 고국으로 돌아온 권 선생은 국방위원회 전문 위원이 되어 대한민국 공군 창설에도 기여했습니다. 또한 1957년부터 약 16년간 《한국연감》을 발행하며 대한민국의 역사를 체계적으로 기록하는 데 힘썼습니다. 말년에는 전 재산을 처분해 형편이 어려운 학생들에게 장학금을 전달하는 등 나눔을 실천했습니다.

정부는 권 선생의 •공훈을 기려 1968년에는 대통령 표창을, 1977년에는 건국훈장 독립장(국민장)을 수여했습니다. 권 선생은 국립묘지 애국지사 묘역에 •안장될 예정입니다.

1 권기옥에 대한 설명으로 올바른 것을 고르세요.

① 대한민국 최초의 여성 독립운동가예요.

② 대한민국 최고의 여성 요리사예요.

③ 대한민국 최초의 여성 비행사예요.

④ 대한민국 최초의 여성 우주인이에요.

2 다음 사건을 일어난 순서대로 바르게 나열해 보세요.

① 중국 상하이로 망명   ② 《한국연감》 발행

③ 대한민국 공군 창설 기여   ④ 윈난항공학교 입학

3 기사의 내용과 일치하지 않는 것을 고르세요.

① 권기옥은 1901년에 평양에서 태어났어요.

② 권기옥은 중국 공군에서 활동했어요.

③ 권기옥은 건국 훈장 독립장을 받았어요.

④ 권기옥은 광복 전에 별세했어요.

4 다음 문장을 읽고, 빈칸에 들어갈 알맞은 말을 써 보세요.

광복 후 고국으로 돌아온 권기옥은 대한민국 ________________ 창설에도 기여
했어요.

✏️ **낱말 풀이**

● **공훈** 나라나 사회를 위하여 두드러지게 세운 공로
● **안장** 시신이나 유골을 편안하게 모시기 위하여 예를 갖추어 장례를 치름

- **학습자:** ○○초등학교 ○학년 ○반 ○○○
- **학습 장소:** 국립항공박물관　　**학습 기간:** ○○월 ○○일
- **학습 주제:** 국립항공박물관에서 한국 항공의 역사를 배운다.

- **보고서**

국립항공박물관은 2020년 7월에 개관한 우리나라 최초의 항공 분야 국립 박물관이다. 김포공항 부지에 위치해 있어 실제로 비행기가 이륙하는 모습을 가까이에서 볼 수 있었다. 박물관에서는 우리나라 항공의 역사부터 최신 항공 기술까지 다양한 전시를 관람할 수 있었는데, 그중에서도 항공 독립운동가들을 소개한 전시가 가장 인상 깊었다.

1층 항공 역사관에는 60여 명의 항공 독립운동가들의 이름이 적힌 서랍이 전시되어 있었는데, 서랍을 열면 각 인물이 어떤 활동을 했는지 알 수 있었다. 나는 우리나라 최초의 여성 비행사인 권기옥 선생님의 서랍을 열어 보았다. 그 안에는 권기옥 선생님이 3·1운동에 참여한 이야기와, 중국에서 비행사가 되기 위해 얼마나 많은 노력을 했는지 담겨 있었다.

에어워크를 따라 1층에서 2층으로 올라가며 천장에 매달린 비행기 사이를 걸었는데, 마치 하늘 위를 산책하는 것 같아 정말 신기했다. 야외 전시장에는 윌로우스 한인비행학교에서 사용했던 훈련기와, 학생 비행사들의 모습을 표현한 조형물이 전시되어 있었고 한쪽에는 권기옥 선생님의 동상도 세워져 있었다. 이곳을 둘러보며 우리나라 하늘의 과거와 현재, 그리고 미래를 함께 생각해 볼 수 있었다.

1 ▶ 다음 문장을 읽고 빈칸에 들어갈 알맞은 말을 고르세요.

> 국립항공박물관은 우리나라 (   )의 역사와 발전을 살펴볼 수 있는
> 박물관이에요.

① 농업   ② 공업

③ 민속   ④ 항공

2 ▶ 국립항공박물관은 어디에 위치하고 있는지 알맞은 것을 고르세요.

① 김포공항 부지 안   ② 인천공항 부지 안

③ KTX 서울역 부지 안   ④ 고속버스 터미널 부지 안

3 ▶ 국립항공박물관에 대한 설명으로 옳지 않은 것을 고르세요.

① 1층에는 항공 역사관이 있어요.

② 우리나라 최초의 항공 분야 국립 박물관이에요.

③ 에어워크를 통해 1층에서 2층으로 올라갈 수 있어요.

④ 최신 항공 기술에 관한 전시물만 볼 수 있어요.

4 ▶ 1층 항공 역사관의 전시물로 알맞은 것을 고르세요.

① 우리나라 최초의 여성 비행사 권기옥의 동상

② 항공 독립운동가들의 이름이 적힌 서랍

③ 자율 주행이 가능한 미래형 자가용 항공기

④ 태양광 전기 동력 무인기

근현대사 독해 워크북 **정답**

권기옥

1일
❶ ③ ❷ ④
❸ 조선총독부 ❹ ② → ③ → ④ → ①

2일
❶ ② ❷ ④
❸ ① ❹ ○, X

3일
❶ ② ❷ ③ → ② → ①
❸ 임시정부 ❹ 만세, 전국적으로 확산되었어요.

4일
❶ ③ ❷ ②
❸ ④

5일
❶ ④ ❷ ①
❸ ② ❹ ①-ⓛ, ②-ⓒ

6일
❶ ③ ❷ ① → ④ → ③ → ②
❸ ④ ❹ 공군

7일
❶ ④ ❷ ①
❸ ④ ❹ ②